벌고
 쓰고
 살고 싶어서

래빗해빛
(김아름) 지음

돈 공부를 시작했다

TORNADO

프롤로그

0원에서 시작하는
첫 돈 공부

처음 월급을 받기 시작했을 때 기억나세요?

"이걸로 뭘 먼저 해야 하지?" 하면서 마냥 기쁘기보다는 막막했던 그 느낌. 통장에 돈이 들어오긴 했지만, 어떻게 굴려야 할지 몰라서 흘려보냈던 날들.

'언젠간 모이겠지'라는 막연한 희망과 늘 빠듯하고 불안했던 현실 사이에서 우리는 돈에 대해 아무도 제대로 가르쳐주지 않았다는 사실을 뒤늦게 깨닫습니다. 이 책은 바로 '그런 여러분'을 위한 이야기입니다.

저 역시 사회초년생 시절, 막연한 불안감 속에서 인터넷에 '재테크 시작하기'라고 검색했던 평범한 직장인이었어요.

'이렇게 하면 돈을 벌 수 있어요'라는 정보는 넘쳐났지만, 정작 '뭐부터 어떻게 시작해야 할지' 알려주는 곳은 없었죠. 그 수많은 정보의 바다 속에서 맨땅에 헤딩하듯 자산을 불려 나가며 "이 순서대로 따라오면 돼요"라고 말해주는 사람이나 안내서가 간절했어요. 잘 알지 못해서 혹은 과한 욕심을 부려서 실패했던 적도 있거든요.

그래서 결심했어요.

"과거의 나처럼 막막한 누군가에게 길을 보여주는 사람이 되자."

이 책은 이렇게 시작된 여정의 결과입니다. 읽고 실천으로 이어진다면, 반드시 '책값 이상의 수익'을 얻을 수 있을 거예요. 파킹 통장 이자, 공모주 수익, 절세 전략, 투자 수익 등 무엇이든 좋아요. 중요한 건 '거창한 도전'이 아니라, 지금 실천하는 '작은 행동 하나'입니다.

0에서 출발해 갑자기 주식, 부동산, 채권 투자를 모두 한 번에 시작하려는 건 무리예요. 0에서 10까지 단숨에 가려고 하다 보면, 중간에 포기하기 쉽거든요. 하지만 단계를 나누고, 내 시드머니(종잣돈) 규모에 맞는 전략을 택하면 생각보다 훨씬 단순하고, 현실적인 재테크가 가능해집니다.

이 책은 '0원부터 시작하는 사람'도 이해할 수 있도록, 그리고 '1000만 원, 1억을 만든 사람'도 다시 방향을 점검할 수 있도록 구성했어요. 저의 실제 20억 자산 달성 여정 속에서 거쳤던 실패와 시행착오, 그리고 성과까지 단계별로 꼼꼼하게 담았습니다.

우리는 더 이상 돈의 노예로 살 수 없어요.
부자가 되기 위한 첫걸음은
'내가 돈을 위해 일하는 삶'에서 벗어나
'돈이 나를 위해 일하는 구조'를 만드는 것입니다.
내가 밥을 먹을 때도, 잠을 잘 때도,
그리고 이 책을 읽고 있는 지금 이 순간에도
돈이 나 대신 일하게 하는 시스템.
이건 특별한 사람들만 가능한 일이 아닙니다.
우리 같은 평범한 직장인도 충분히 해낼 수 있어요.
지금부터 저와 함께 차근차근 시작해봐요!

목차

프롤로그   0원에서 시작하는 첫 돈 공부   003

1장   재테크와 친해지기

- 01   무기력했던 직장인의 탈출구였던 재테크   011
- 02   재미있게 즐기면서 돈 모으는 가장 쉬운 방법   017
- 03   오히려 돈이 없을 때 시작해야 한다   023

2장   마인드가 바뀌면 모든 것이 바뀐다

- 01   절대 놓쳐서는 안 되는 골든타임   033
- 02   변화는 관심의 재분배에서 시작된다   038
- 03   당연함을 의심하고, 정체성을 바꿔라   044
- 04   사실은 '조삼모사'보다 '조사모삼'이 낫다   054

3장   당장 오늘부터 가능한 부자습관

- 01   돈이 새는 구멍부터 막아라   065
- 02   생활비 0원의 기적을 이루게 해준 체험단   074
- 03   똑같은 24시간, 왜 누구는 인생이 바뀔까?   079
- 04   매일 1%씩 부자 되는 직장인의 현실적인 습관   085
- 05   월급만으로는 부족해! 나에게 맞는 부업 찾기   096

4장 돈이 르배속으로 모이는 통장 세팅법

- 01 기본 중의 기본 · 예적금 통장 · 113
- 02 돈이 돈을 버는 구조 세팅 · 파킹 통장 · 119
- 03 세금은 아끼고 수익은 키우는 투자 필수템 · ISA 통장 · 128
- 04 노후 준비의 정석 · 연금저축과 IRP · 144

5장 나에게 맞는 투자 방향과 종목을 정하는 법

- 01 투자에도 성향이 있다: 나에게 맞는 투자 찾기 157
- 02 사회초년생이 시작하기 쉬운 주식 투자 166
- 03 현실 기반 부동산 투자 입문 183

6장 평범한 내가 20대에 20억을 이룬 투자 로드맵

- 01 첫 번째 투자: 지방 아파트 급매로 매수하기 203
- 02 두 번째 투자: 경매, 4000만 원으로 수도권 내 집 마련하기 215
- 03 세 번째 투자: 재건축 아파트 급매로 공략하기 224
- 04 네 번째 투자: 불장 속 서울 아파트 매수 타이밍 잡기 231
- 05 나의 20억, 그리고 그 이상의 꿈 243

7장 나답게 일하고 나답게 성장하는 법

- 01 뇌를 속이면 퇴근 후가 달라진다 253
- 02 회사에서 흔들리지 않고 성장하는 법 263
- 03 자산이 나의 백이 되는 순간 274

에필로그 행복한 부자가 되길 응원하며 283

1장 재테크와 친해지기

01

무기력했던 직장인의 탈출구였던 재테크

혹시 '직장인 3년 차 병'이라는 말을 들어보신 적 있나요? 신입 사원 시절을 지나 업무에 어느 정도 익숙해지는 3년 차쯤이 되면, 점점 많아지는 책임과 업무량 속에서 반복되는 일상에 지쳐 목표를 잃거나 의욕이 떨어지는 무서운(!) 병입니다. 오죽하면 이런 표현까지 생겼을까 싶을 정도로, 실제로 많은 직장인들이 3년 차 즈음에 한 번쯤 슬럼프나 위기를 겪는다고 해요.

저 역시 '3년 차 병'을 직격탄으로 맞았는데요, 개인적인 목표 없이 회사가 정해주는 목표만을 따라가다 보니, 어느 순간 문득 '내가 이걸 왜 하고 있지?'라는 생각이 들면서 회사에서 보내는 시간들이 무의미하게 느껴졌어요. 월화수목금, 회사와 집을 오가는 반복적인 일상이 무료하게 느껴졌고, 이 감정에서 벗어나고 싶었습니다.

하지만 이 모든 부정적인 감정을 들게 하는 '회사'를 그만두고 싶어도, 그놈의 '돈'이라는 현실적인 문제 앞에서 자유로울 수 없어 하루하루를 억지로 '버티는 삶'을 살게 되더라고요. 그때 이런 생각이 들었습니다.

'돈에서 자유로워지려면 어떻게 해야 할까?'

'월급에만 의존하며 버티는 삶에서 벗어나려면 뭘 해야 할까?'

이런 고민 끝에 재테크에 처음으로 관심을 갖게 되었어요. 그런데 막상 재테크를 어디서부터 어떻게 시작할지 모르겠어서 막막하더라고요. 마냥 절약하는 것만으로는 한계가 있었고요.

가뜩이나 회사 생활도 힘든데 재테크마저 막막하게 느껴지니 우울함은 배가 되었고, 이 우울은 결국 자존감마저 떨어뜨려 일상생활까지 영향을 줄 정도로 힘든 시기를 보냈어요. 오죽하면 부모님께서 "그렇게 힘들어할 바에는 그냥 퇴사하고 당분간 집에 있어라" 하고 말씀하실 정도였으니까요.

그 상황 속에서 저는 지푸라기라도 잡는 심정으로 '독서'를 시작했습니다. 사실 처음부터 대단한 각오가 있었던 건 아니에요. 그저 다들 책이 좋다고 하기도 하고, 세계적인 부자들이 하나같이 입을 모아 '독서가 인생을 바꾼다'고 말하니까 이거라도 한번 해봐야겠다는 마음이었어요.

예를 들면 세계적인 부자 빌 게이츠(Bill Gates)는 매년 일주일 동안 아무 일정도 잡지 않고 오직 책만 읽는 '생각주간(Think Week)'을 보낼 정도로 독서를 인생의 중요한 루틴으로 삼고 있어요. 그는 이 기간 동안 최소 15~20권의 책을 읽으며, 회사의 미래 전략 아이디어나 투자 방향을 구상한다고 해요.

또 세계적인 투자자 워런 버핏(Warren Buffett)도 하루의 80%를 책 읽는 데 쓴다고 할 정도로 독서광이에요. 한 인터뷰에서 "내가 가진 지식의 대부분은 책에서 나왔다"고 말한 적도 있었죠. 그는 초보 투자자들에게 "매일 조금씩 책을 읽다 보면, 시간이 지날수록 지식이 복리 효과처럼 쌓인다"고 조언하기도 했어요.

테슬라 CEO 일론 머스크(Elon Musk)도 마찬가지예요. 어릴 때부터 하루에 책을 2권씩 읽었고, 로켓공학도 책으로 독학했다고 알려져 있죠.

이런 얘기들을 접할 때마다 '나랑은 딴 세상 사람들 얘기 같지만, 그래도 혹시 나도 조금은 달라질 수 있지 않을까?' 하는 마음으로 책을 펼쳤어요. 처음에는 몇 페이지만 읽어도 버거웠지만, 이상하게도 책장을 넘기다 보면 마음이 조금씩 정리되고, 무엇보다도 '내가 뭔가 하고 있다'는 작은 위안이 생겼어요.

그렇게 시작된 게 '매일 30분씩 독서하는 습관을 만들어보자!'는 매3독 챌린지였습니다. 다양한 경제경영서와 자기계발서를 통해 좋은 스승님들을 만나고, 책에 나온 절약법, 습관, 재테크 방법을 하나둘씩 시도하고 다양한 성과를 내면서 차츰 부정적인 감정에서 헤어 나올 수 있게 되었어요. 우울한 마음을 이겨내고자 무작정 잡은 책들이 무기력했던 일상의 탈출구이자 삶의 전환점이 된 셈인 거죠.

지나고 나서 돌이켜보니, 그 당시에 제가 무엇 때문에 그렇게 막막했는지 알 것 같아요. 그리고 만약 곁에 저보다 2~3년 먼저 비슷한 상황을 겪고 나름대로 잘 이겨낸 경험을 따뜻한 말로 나눠줄 선배이자 멘토가 있었다면, 조금 더 빨리 털고 일어날 수 있었을 거라는 생각이 들어요. 어쩌면 마음 한편에 출간에 대한 의지가 굳게 자리 잡은 이유도 제가 책에서 도움을 받았던 것처럼, 저 역시 이 책으로 막막해하고 있을 누군가에게 작은 도움이 되기를 바라는 마음 때문인 것 같습니다.

여러분이 다음과 같은 고민을 하고 있다면, 이 책이 분명 도움이 될 거예요.

- ✓ 월급만으로는 부족한 현실을 체감하며 재테크를 시작하고 싶지만, 어디서부터 어떻게 시작해야 할지 막막한 분들
- ✓ 회사와 집만 오가는 일상 속에서 무료함을 느끼고, 이 감정에서 건강하게 벗어나고 싶은 분들
- ✓ 남들처럼 예·적금은 하고 있지만, 뭔가 부족하다는 느낌이 들고 '조금 더 높은 수익률을 낼 수 있는 방법은 없을까?' 고민하는 분들
- ✓ 입사 후 수입은 늘었지만 그만큼 지출도 늘어나면서 '이게 맞는 걸까?' 하는 불안이 찾아오는 분들
- ✓ 노후 대비라는 말이 아직 실감 나진 않지만 '마냥 이렇게 살아도 되는 걸까?' 하는 생각이 밀려오는 분들

어떻게 내 마음을 이리 잘 아냐고요? 바로 3년 전의 제가 똑같이 했던 고민과 생각들이니까요.

이 책의 주인공이자 페르소나는 바로 과거의 제 자신입니다. 당시 막막했던 제 자신에게 타임머신을 태워 지금의 제가 해주고 싶은 말, 나누고 싶은 지식들을 차근차근 풀어볼게요.

 래빗해빛의 페르소나

'페르소나'는 연극에서 배우가 쓰는 가면을 뜻하는 라틴어에서 유래된 말로, 내가 타인에게 보여주고 싶은 구체적인 모습을 의미해요. 마케팅이나 브랜딩 분야에서는 '타깃 페르소나'라는 표현을 자주 사용하는데, 이는 제품이나 서비스를 사용할 고객을 보다 생생한 인물로 그려내는 방식이죠.

래빗해빛이 지향하는 페르소나는 단순히 재테크 지식만 전달하는 채널이 아닙니다. 저는 누군가 인생의 방향이 흔들릴 때, 따뜻하게 기대어 쉴 수 있는 신뢰받는 멘토로 여러분의 기억에 남고 싶어요.

그리고 래빗해빛이 돕고 싶은 '타깃 페르소나'는, 바로 과거의 제 자신처럼 막막함 속에 있는 평범한 직장인이에요. 당시 저는 재테크를 시작해보려 했지만 어디서부터 손을 대야 할지 막막했고, 넘쳐나는 정보들 속에서 무엇을 믿어야 할지, 각기 다른 조언들 중 어떤 것을 선택해야 할지 혼란스러웠거든요.

그래서 이런 고민을 하고 있는 분들께 믿고 따를 수 있는 양질의 정보를 전달하고, 함께 소통하며 작은 변화를 만들어가고 싶어요. '부자습관'이라는 작은 실천에서 시작해, 점점 더 스스로 만족할 수 있는 삶으로 나아갈 수 있도록 여러분의 여정에 작지만 든든한 등불이 되어줄게요.

02

재미있게 즐기면서 돈 모으는 가장 쉬운 방법

'재테크'라는 말만 들어도 어렵고 재미없게 느껴지나요? 허리띠를 졸라매야 할 것 같고, 하고 싶은 것도 못하고 다 참아야 할 것 같은 생각이 먼저 든다면 그건 명백한 오해입니다. 저는 매우 즐기면서 하고 있거든요. 이번 챕터에서는 재테크의 오랜 누명과 편견을 벗고 좀 친해지는 시간을 가지면 좋겠어요.

제가 재테크를 즐길 수 있는 이유 중 하나는 극단적인 절약을 지양하기 때문인데요, 모든 부분에서 절약하기보다는 내가 좋아하는 부분에는 숨통을 틔울 수 있는 공간을 만들어 두고 있어요. 다른 곳에서 조금씩 더 아껴서 좋아하는 분야에 쓸 수 있는 여유 만들기! 그 달콤한 보상이 저를 더 열심히 하게 만들더라고요. 더 행복하게 살기 위해 재테크를 하는데 그 과정이 힘만 들고 보람도 없으면 지속할 수 없게 되거든요. 그럼 끝이잖아요?

저는 '경험'이라는 가치를 굉장히 중요하게 생각해요. 처음 먹어보는 음식, 마음을 울리는 공연, 평생 기억에 남을 특별한 장소, 오지 탐험 등 죽기 전에 세상에 있는 모든 걸 경험해보고 싶은 꿈이 있습니다. 그래서 그 가치에 맞는 소비라면 오마카세도 먹고, 콘서트도 가고, 해외여행도 다닌답니다.

그럼 절약은 어떻게 하냐고요? 저는 '경험'에는 아낌없이 투자하지만, 옷, 신발, 가방, 화장품, 전자제품 같은 '물건'에는 거의 돈을 쓰지 않습니다. 10년 전에 산 보세 옷을 여전히 즐겨 입고, 사은품으로 받은 가방을 메고, 신발은 닳아서 못 신을 때까지 신어요. 조금 민망한 일화지만, 친구가 "어떻게 5년 동안 똑같은 신발만 신을 수 있어?"라고 물은 적도 있으니 말 다했죠.

대신 저는 물건에서 절약한 돈을 조금씩 모아두다가 경험의 기회가 왔을 때, 기꺼이 좋은 마음으로 소비를 하고 있어요. 이런 나만의 확고한 기준이 있으니까 조금 비싼 콘서트 티켓이나 비행기 티켓도 편안한 마음으로 결제할 수 있게 되더라고요.

'나 이거까지 결제하면 이번 달 진짜 마이너스인데…'라는 생각으로 소비하는 것과 '내 기준에 적합한 소비니까 기꺼이 즐기자!'라는 마음으로 소비하는 것은 결제하는 순간부터 이후에 즐기는 과정까지 만족감이 완전히 달라요.

저에게는 예전부터 '일본 벚꽃 풍경 만끽하기'라는 버킷리스트가 있었어요. 평소 가장 좋아하는 꽃이 벚꽃인데, 벚꽃은 일본의 국화이기도 하잖아요. 그래서 일본의 벚꽃이 얼마나 아름답게 피는지, 한국의 벚꽃과는 어떻게 다를지 궁금했거든요.

그런데 문제는 일본 벚꽃 만개 시즌은 성수기라서 비행기 값이 평소보다 2배 이상 비싸진다는 거였어요. 주변에서는 "벚꽃은 한국에도 많은데 일주일 차이로 가격이 말도 안 된다"는 반응이 많았죠.

하지만 저는 결국 그 비싼 비행기표를 끊고 일본으로 떠났습니다. 그리고 다녀와서 정말 잘했다는 생각이 들었어요. 단순히 벚꽃을 보는 걸 넘어, 벚꽃을 대하는 문화와 축제를 함께 경험하는 그 시간이 너무 소중했거든요. 돈이 하나도 아깝지 않았고, 오히려 이런 '아깝지 않은 소비' 경험을 하나둘 쌓아가다 보니 막연했던 소비의 기준이 점점 분명해졌어요.

소비를 하다 보면 느껴지잖아요. 어떤 소비는 결제하고 나서 괜히 찝찝하고 후회되는데, 어떤 소비는 조금 비싸도 '잘 샀다, 나 자신!' 하고 뿌듯한 기분이 들기도 해요. 이런 '감정 신호들'을 무시하지 말고 잘 기억해두는 것도 큰 도움이 됩니다. 〈소비일기〉를 써보는 것도 좋고요. 꼭 매번 모든 소비를 기록하지 않아도 돼요. 후회되거나 만족감이 컸던 소비만 간단히 메모장에 적어두고, 가끔 다시 꺼내 보는 것만으로도 충분합니다. 그러다 보면 나도 모르게 나만의 소비 기준이 생길 거예요.

"아, 나는 이런 소비를 하면 후회하는구나. 다음에는 피해야지."

"이런 소비는 굉장히 만족감을 느끼는구나. 이왕 돈 쓸 거면 이런 쪽으로 써야지."

헬스를 처음 할 때는 동작을 무작정 따라 하지만, 몇 번 반복하다 보면 근육에 자극이 오면서 '아, 이 근육은 이렇게 쓰는 거구나!' 하고 몸으로 깨닫게 되잖아요. 마찬가지로 올바른 소비를 계속하다 보면 나만의 '마음 편한 소비'의 기준이 생기고, 지갑을 열고 닫을 때마다 내 나름대로의 '소비 근육'이 붙는 걸 느낄 수 있을 거예요.

나다운 소비가 진짜 절약이다

자산을 모으기 위해서 어느 정도 절제는 당연히 필요합니다. 하지만 결국 재테크란 잘 먹고, 잘 놀고, 잘 살기 위한 수단이지, 재테크 자체가 목적이 되어선 안 돼요.

'나를 위한 재테크'가 아니라 '재테크를 위해 나를 희생하는 일'은 피해야 합니다. 수입의 일부를 나의 가치와 삶의 질을 높이는 데 사용하는 것이 훨씬 더 건강하고, 지속 가능한 재테크예요.

사람마다 중요하게 생각하는 건 모두 다르기 때문에 무작정 저를 따라 하기보다는 이렇게 자문해 보세요.

'나는 어떤 소비를 할 때 가장 기분이 좋지?'

'어떤 소비를 하고 나면 찝찝하지?'

'정작 사놓고 잘 안 쓰는 물건은 없나?'

이렇게 나의 '감정 반응'을 기준 삼아 나만의 소비 기준을 만들면 돼요.

또한 여기서 진짜 중요한 건 내가 우선순위를 둔 곳에는 돈을 쓰고, 그렇지 않은 곳은 과감히 내려놓는 것이에요. '남들만큼 해야 해'라는 생각을 버리는 거죠.

'남들 다 에어팟 맥스 쓰던데 나도 하나 살까?'

'이 나이에 나도 명품백 하나쯤은 있어야 하지 않을까?'

이런 마음으로 소비를 하기보다는 내가 정말 중요하게 여기는 가치를 중심으로 소비하는 것이 좋습니다. 그렇게 하면 불필요한 소비를 줄이면서도 필요한 소비를 할 때 죄책감 없이 훨씬 더 편한 마음으로 즐길 수 있게 될 거예요.

또 절약을 잘하기 위해서는 '내가 이 돈을 왜 모으는지'에 대한 분명한 목표가 있어야 해요. 목표 없이 무작정 극단적 절약만 하다 보면 '왜 이렇게까지 해야 되지?'라는 생각에 허탈감이 몰려올 수 있거든요. 그러다가 "한번 사는 인생, 화끈하게 살자!" 하면서 마치 다이어트 때 우리가 흔히 겪는 요요 현상처럼 열심히 모아둔 돈을 갑자기 펑펑 쓰게 되는 불상사가 일어날 수도 있어요.

목표라고 해서 거창할 필요는 없어요. 직장인 은지 씨는 더 나은 미래를 위해 매달 일정 금액을 저축하며 재테크 공부를 병행하고, 사회초년생 정민 씨는 다양한 견문을 쌓기 위해 여행을 계획하고 있으며, 직장인 현우 씨는 결혼을 앞두고 내 집 마련을 위해 목돈이 필요할 수 있지요. 이처럼 본인의 상황에 맞는 목표 설정을 해두고 그것을 위해 나아가다 보면, 재테크 요요 현상을 방지할 수도 있고, 절약하고 돈을 모으는 과정이 뿌듯하고 즐거운 일이 될 거예요.

 **나를 위한 ME 비용**

돈을 모을 때는 먼저 '내가 왜 돈을 모으는지' 목적을 정합니다. 그다음 삶의 질에서 중요한 것과 그렇지 않은 것을 구분해 '나를 위한 소비' 전용 저금통을 따로 마련하는 거예요. 이걸 나를 위한 'ME 비용'이라고 부를게요.

ME 비용은 월 수입의 최대 10% 정도를 기준으로 삼는 것이 좋아요. 꼭 그 달에 모두 쓸 필요는 없어요. 만약 여행을 가거나 갖고 싶은 고가의 물건이 있다면, 몇 개월 동안 ME 비용을 모아두었다가 사용하면 됩니다.

03

오히려 돈이 없을 때 시작해야 한다

"재테크? 돈이 있어야 하지"라고 말하거나, 들어본 적 있을 거예요. 물론 '굴릴 돈이 있어야 투자를 할 수 있는 거 아니야?'라는 생각도 충분히 들 수 있어요. 그런데 많은 사람들이 놓치고 있는 중요한 사실이 하나 있습니다. 돈이 생긴 다음에 재테크를 시작하려 하면 '늦는다'는 점이에요.

갑자기 보너스나 청년적금, 예적금 만기 등으로 꽤 큰돈이 들어왔을 때 보통 어떻게 했나요? 명품, 신상, 휴대폰, 노트북, 여행 등 나에게 주는 작은 선물이라고 하나둘 소비하다 보면 애써 모은 돈이 순식간에 사라지곤 하죠. 소비할 때는 신나지만 막상 잔고를 보면 '이러려고 차곡차곡 모은 돈이 아닌데'라는 마음도 들고 헛헛하기도 할 거예요.

그나마 다시 예금이나 적금이라도 들었다면 다행이지만, 열심히 모은 시드머니를 은행에 맡기는 것만으로는 인플레이션이나 수익률 측면에서 아쉬움이 있습니다. 그래서 우리는 '돈이 없을 때부터' 차곡차곡 돈을 모아가며 미리 재테크 공부를 시작해야 해요. 그렇게 해야 큰돈이 모였을 때 기회를 알아보고 잡을 수 있거든요. 돈이 생기고 나서 갑자기 알아보려고 하면 기회는 이미 미리 준비한 사람들에게 떠난 뒤일 거예요. 너무 늦는 거죠.

저의 첫 내 집 마련도 그런 준비의 결실이었어요. 사회초년생 시절 자취생활의 설렘도 잠시, 매년 상승하는 전세금과 언제든 내쫓길 수 있다는 불안감, 상황이 맞지 않으면 계속 이사를 다녀야 한다는 점에 스트레스를 받았어요. 때마침 전국적인 전세사기 이슈도 맞물려서 '설마 나에게도 그런 일이 일어나면 어쩌지?'라는 불안감도 들었습니다.

그런데 그 불안감을 가속시켰던 건 다름 아닌 '나의 무지'이기도 했어요. 전세사기의 정확한 구조를 몰랐기 때문에 '이 집 집주인이 나쁜 마음을 먹으면 나도 속수무책으로 당하는 거 아니야?'라는 막연함이 저를 괴롭혔거든요.

그 감정에서 헤어 나올 수 있는 방법은 굉장히 심플하고 명확했는데, 바로 '내 집 마련하기'였습니다. 그때 저는 처음으로 '내 집 마련'에 대해 진지하게 생각해보게 되었어요.

그전까지만 해도 '전세는 공짜로 집에서 살 수 있는 거네. 계약이 종료되면 내가 낸 돈을 그대로 돌려주잖아? 전세로 쭉 살다가 30~40대 정도 되면 내 집 마련은 할 수 있겠지'라고 생각했던 스물네 살의 제가 2년이 지난 스물여섯의 나이에 내 집 마련의 꿈을 갖게 된 거예요.

막 입사한 사회초년생이었던 당시, 집을 살 수 있는 자금도 없고 얼마가 있어야 집을 살 수 있는지도 몰랐지만, '내가 무슨 벌써 집을 사'라는 생각보다는 '미리 공부해서 시장 보는 눈을 키워 놔야 나중에 진짜 집을 살 때 도움이 될 것 같다'는 생각으로 자금을 모으면서 부동산 공부를 시작했어요.

사실 '부동산 공부'라고 해서 거창할 건 없어요. 제가 처음 시도한 건 관련된 책 읽기였거든요. 그런데 책이 워낙 많다 보니 어떤 걸 골라야 할지 몰라서 헤매기도 했고, 처음부터 너무 어려운 책을 집어 드는 바람에 '아, 역시 부동산은 나랑 안 맞나?'라는 생각이 들어 포기하고 싶었던 순간도 있었어요. 그렇게 나름의 시행착오를 겪었지만, 그래도 '최소 10권은 읽어보고 포기하자'는 마음으로 계속 읽어나갔고, 그 과정에서 좋은 책들을 만나면서 서서히 눈을 뜨게 됐어요.

여러분이 헤매지 않도록 제가 도움받았던 부동산 책 몇 권을 추천할게요. 시작할 때 분명 도움이 될 거예요.

《월급쟁이 부자로 은퇴하라》 너나위 저
《아파트 투자의 정석》 제네시스박 저

《나는 오늘도 경제적 자유를 꿈꾼다》 청울림(유대열) 저
《아기곰의 재테크 불변의 법칙》 아기곰 저
《대한민국 재건축 재개발 지도》 정지영(아임해피) 저

책을 통해 기본적인 내용을 습득하면서 좀 더 궁금한 부분들에 대해 관련 기사를 찾아보거나 강의를 들었고, 서툴지만 부동산 문도 두드려보고 임장도 다녀보면서 '왕초보 부린이'에서 점점 부동산 시장을 이해하게 되었어요. 그 과정에서 임장 실력도 늘고, 정부의 정책에도 관심을 갖게 되었죠.

그렇게 공부를 해나가던 중, 2023년 '특례보금자리론'이라는 정부 정책이 발표됐어요. 당시에는 소득 제한 없이 9억 원 이하 주택에 대해 LTV 80%, 최대 5억 원까지 저금리 대출을 해주는 파격적인 제도였죠. 제 소득 기준으로는 기존 정부 대출 상품 조건에 거의 해당되지 않았기 때문에 이 제도는 말 그대로 기회였어요. 덕분에 원하는 아파트에 급매가 나왔을 때 바로 실행할 수 있었고, 꿈에 그리던 내 집 마련을 할 수 있었답니다.

지나고 보니, 아파트 값은 최저가 수준으로 매수를 한 것이고, 특례보금자리론 역시 몇 개월 뒤 빠르게 마감되었더라고요. 돈이 없을 때부터 미리 공부하고 준비하지 않았더라면 해당 대출에 대해서도 알지 못했을 거고, 아파트 가격에 대해서도 확신이 없어서 망설이다 기회를 놓쳤을 거예요.

그래서 저는 이 책을 읽는 분들께 아직 충분한 돈이 없는 것 같

아도 '다 모으고 시작해야지'가 아닌 모아가며 공부하는 것이 정말 중요하다고 말씀드리고 싶어요. 제가 부동산에 꾸준히 관심을 갖고 있었기 때문에 좋은 대출의 기회를 잡을 수 있었던 것처럼요.

재테크는 시작이 반이다

자, 그럼 재테크를 '지금' 당장 시작해야 하는 이유는 어느 정도 알았어요. 그러면 '어떻게' 시작해야 하는 걸까요? 달리기할 때처럼 '준비, 시작!' 하면 시작이 되는 것도 아닌 걸요. 대부분의 사람들이 이 질문에서 '에이, 난 아직 젊으니까' 하면서 뒤로 미루거나 포기하더라고요.

과거의 저도 '아직 젊으니까, 다 때가 되면 하게 될 거야. 주변 선배들이나 동기들도 관심 없는데 뭐'라고 생각하던 시절이 있었어요. 그때 우연히 《부의 추월차선》이라는 책을 읽게 되었는데, 마치 뒤통수를 세게 한 대 맞은 것처럼 충격을 받았어요. '내가 뭔가 크게 잘못된 사고방식을 갖고 있었구나' 하고 깨달았죠. 자본주의 사회에 살면서 정작 자본주의의 본질을 이해하지 못한 채, 흘러가는 시간에 제 미래를 맡기고 있었던 거예요.

책에서는 '대부분의 사람들이 부자가 되지 못하는 이유는 부의 수학을 이해하지 못하기 때문이다'라고 말해요. 단순히 열심히 일하는 것만으로는 자유를 얻을 수 없고, 돈이 나 대신 일하게 만들어야 한다는 것이 핵심이죠. 이 책을 읽으면서 막연히 상상하던 '가정을 꾸리고, 신축 아파트에서 여유롭게 살아가는 미래의 모습'은 준비 없는 나에게는 그저 환상일 뿐이겠다는 생각이 들었어요. 그래서 그때부터 마음을 다잡고 어떻게든 부딪혀 보자고 결심했습니다. 아는 게 없어도 일단 한 걸음씩 나아가 보기로 했어요. 그리고 그 '첫걸음'이 모여 지금의 저를 만들었습니다.

- 20대, 자산 20억 달성
- 부동산 급매/경매/재건축 투자
- 10만 명이 넘는 구독자와 팔로워의 응원 속에 '재테크 크리에이터 래빗해빛'으로 성장

이 모든 건 그때 내딛은 작은 첫걸음에서 시작된 거였어요. 물론 그 여정이 늘 순탄하지만은 않았지만, 이제는 누군가에게 도움이 되는 이야기를 할 수 있는 사람이 되었다는 것 자체가 저에게는 정말 큰 보람이에요.

이런 지금의 저에게도 재테크와 관련해서 한 가지 아쉬운 점을 꼽으라면, 바로 '조금 더 일찍 시작하지 않은 점'이에요. 사실 재테크에 관심을 갖느냐와 마느냐는 마음먹기 나름이고 종이 한 장 차이인데, 한 살이라도 어릴 때 관심을 갖고 공부하는 것이 미래에는 어마어마한 복리의 마법으로 돌아온다는 것을 지금은 알기 때문입니다.

그래서 과거의 저와 비슷한 분들이 하루라도 빨리 재테크를 시작하고, 미래에 '지금 이 책을 선택하길 참 잘했다'고 느낄 수 있도록 노력할 거예요. 저와 함께 재테크 여정의 첫걸음을 내딛어봐요!

'자본주의와 돈' 대해
쉽게 이해할 수 있는 책 추천

《부의 추월차선》 엠제이 드마코 저

《돈의 속성》 김승호 저

《부자 아빠 가난한 아빠》 로버트 기요사키 저

《부의 인문학》 우석 저

《EBS 다큐프라임 자본주의》 EBS 자본주의 제작팀 저

#1 재테크에 눈뜨다

2장

마인드가 바뀌면 모든 것이 바뀐다

01

절대 놓쳐서는 안 되는 골든타임

　직장 생활을 막 시작한 사회초년생이라면, 지금이야말로 '골든타임'이라는 사실을 꼭 기억해야 해요. 이 황금기를 그냥 흘려보내선 안 됩니다. 대학생에서 직장인으로 전환되는 이 시기는 소득이 갑자기 늘어나고 생활환경도 크게 달라지다 보니 소비 습관이 급격히 변하는 경우를 자주 보게 돼요. 특히 이른바 '취뽀 플렉스(취업 성공 기념 소비)'에는 좋은 옷, 명품, 고급 전자기기나 차량 등을 통해 그동안의 고생에 대한 보상심리와 '괜찮은 회사에 취업했다'는 것을 보여주고 싶은 마음이 반영되어 있어요.

　하지만 명심해야 할 점은, 지금은 '돈을 막 써도 되는 시기'가 아니라 '종잣돈을 모을 수 있는 최고의 시기'라는 것입니다.

사회초년생 시기가 골든타임인 이유는 인생에서 '내 의지'로 지출을 최소화할 수 있는 '유일한' 시기이기 때문이에요.

미래를 생각해보면, 결혼 준비만 생각해도 적지 않은 비용이 필요하고, 아이가 생기면 의지와 상관없이 필수 지출이 몇 배로 늘어나게 됩니다. 또 지금은 누군가를 부양하거나, 나이가 들면 자연스럽게 생기는 다양한 지병에서도 비교적 자유로운 시기이죠. 한마디로 지금이 인생 난이도가 가장 쉬운, 즉 '내가 나만 챙기면 되는 시기'입니다.

시간이 흐를수록 배우자, 자녀, 부모님 등 사회적으로, 경제적으로 내가 책임져야 할 범위가 넓어지게 되고, 그때 가서 나의 무거운 어깨를 덜어줄 '자본'이 없다면 지금의 '플렉스'가 후회될 거예요. 따라서 지금 이 순간부터라도 과소비는 최대한 자제하고, 종잣돈을 모으는 데 집중해야 합니다.

회사나 부서 분위기에 따라 다르지만 "○○씨, 이제 돈도 버는데 명품 하나 사지 그래", "이 참에 차 한 대 뽑아~" 이런 말을 가볍게 던지는 분들도 종종 있죠.

그런 분위기 속에 있다 보면 어느새 '그래, 나도 이 정도는 있어야 하지 않나?', '동창회나 결혼식에 가면 다들 명품 하나씩 들었는데 나만 너무 초라한 건 아닐까?' 싶은 마음이 들 수 있어요. 저 역시 그런 순간들을 겪어봤기에 너무 공감돼요.

하지만 분명하게 말할 수 있는 건, 명품이나 좋은 차가 없어도 스스로 당당하면 우려하는 일은 전혀 일어나지 않더라고요.

BTS의 뷔 님 이야기를 하나 소개할게요. 어느 날 뷔 님이 입고 나온 무지 티셔츠가 많은 사람들의 눈길을 끌었어요. 사람들은 "저건 분명 명품 브랜드일 거야", "핏이 남달라", "소재가 매우 좋은 것 같아" 등의 반응을 보였죠. 그런데 알고 보니 그 티셔츠는 한 장에 만 원 정도 하는 스파(SPA) 브랜드 제품이었고, 그 사실이 알려지자마자 해당 제품은 품절과 재입고를 반복하며 큰 인기를 끌었습니다.

이 이야기를 통해 저는 '진짜 중요한 건 명품을 갖는 것이 아니라, 내가 명품이 되는 것이다'라는 것을 느꼈어요.

그래서 제가 가장 전하고 싶은 메시지는 이거예요.
'지금이야말로 우리가 조금이라도 더 절약할 수 있는 최고의 골든타임이다.'

오히려 지금, 젊었을 때부터 절약하고 저축하며 재테크 공부를 시작하는 건강한 라이프스타일이 좋은 옷, 좋은 차보다 여러분을 훨씬 더 빛나게 만들어줄 거예요.

물론 앞에서도 말했듯이 재테크는 '즐겁게' 해야 오래 갈 수 있어요. 그래서 자신의 가치에 맞는 소비는 가끔 해도 괜찮습니다. 앞서 예시를 명품으로 들었는데, 만약 나를 행복하게 하는 것이 명품이라면, 수입의 일부를 모아 명품을 구매하는 것도 충분히 가능해요. 단, ME 비용은 월 수입의 10%를 넘지 않도록 조절하는 것, 이 기준만은 꼭 지켜주세요!

래빗해빛의 똑똑한 소비 가이드

제가 생각하는 추천하는 소비와 비추천하는 소비를 정리해 보았습니다. 이 내용을 참고해서 자신만의 소비 기준을 만들어 보세요.

- **추천 소비**

감사 표현: 고마움을 표현하는 데 돈을 아끼지 마세요. 그렇다고 부담이 갈 정도로 거창할 필요는 없어요. 마음을 전할 수 있는 기프티콘 선물이나, 고마운 사람을 만나러 가는 길에 꽃 한 송이, 핸드크림 하나 혹은 책 한 권이면 충분해요. 중요한 건 마음을 전하는 것입니다.

자기계발 투자: 자격증 공부, 독서, 실무 교육, 피드백을 받을 수 있는 코칭 등 나를 '성장'시키는 지출은 대부분 더 큰 수익으로 돌아오더라고요. 나의 발전을 위한 투자에는 돈을 아끼지 마세요. 단, 목적 없이 듣는 강의는 추천하지 않습니다. 방향 없는 공부는 오히려 시간과 돈을 낭비하게 만들 수 있어요.

내면을 위한 소비: 여행, 전시회, 콘서트처럼 기억에 남는 '경험'은 시간이 지나도 나를 지탱해줘요. 특히 번아웃이 올 때 이런 경험

이 삶에 숨을 불어넣어 준답니다. 이것은 단순한 소비가 아니라 내 감정과 삶에 깊이를 더해주는 지출이라고 생각해요.

- **비추천 소비**

보여주기식 소비: 남의 시선을 의식해 산 명품, SNS 인증을 위한 카페 탐방 등은 막상 소비하고 나면 마음은 공허하고 잔고만 줄어요. 그 소비가 정말 '나를 위한 것'인지, 아니면 '남을 위한 보여주기 위한 것'인지 스스로 자주 점검해 보세요.

정기구독 과다: 듣지도, 보지도 않는데 자동이체로 빠져나가는 구독 서비스들이 있죠. 한두 개쯤은 괜찮지만, 쌓이다 보면 어느새 새는 돈이 됩니다. 정말 가치 있는 것만 남기고 나머지는 과감히 정리하는 습관을 만들어 보세요.

스트레스 해소용 쇼핑: 스트레스를 쇼핑으로 푸는 건 마치 갈증 날 때 탄산음료를 마시는 것 같아요. 잠깐은 시원하지만, 오래 가지 않죠. 오히려 사놓고 후회하는 일이 반복되기 쉬워요. 기분 전환은 산책이나 대화, 운동 같은 방식으로도 충분히 가능하답니다.

02

변화는 관심의 재분배에서 시작된다

지금 여러분의 관심사는 무엇인가요?

이전의 제 관심사 중 큰 부분을 차지했던 것은 사람들과의 관계, 넓은 인맥이었어요. 지금은 MBTI가 많이 바뀌었지만, 그땐 전형적인 ENFP로 사람 만나고 노는 걸 좋아했죠.

'나 빼고 놀지 마~!'라는 마음으로 모든 모임과 약속에 빠지지 않고 참석하고 싶었고, 사람을 좋아하는 만큼 관계에 있어 알게 모르게 상처도 많이 받았던 것 같아요. 조금 부끄러운 이야기지만, 당시에는 누가 누구와 뭘 했고, 싸웠고, 어디를 갔는지와 같은 소식을 항상 제일 먼저 알고 싶어 했어요. 내가 모르는 소식이 있다면 괜히 서운하더라고요.

반면에 세상이 어떻게 돌아가는지, 경제 흐름에는 전혀 관심이 없었어요. 국가 장학금이나 코로나 지원금처럼 당장 나에게 돌아오는 혜택은 그나마 찾아보고 신청했지만, 그런 정책과 제도가 왜 만들어졌고 어떤 효과를 가져오는지는 깊이 생각해본 적이 없었어요. 돌이켜보면, 그저 '돈 주니까 좋다'는 단순한 마음이었던 것 같아요.

하지만 재테크 세계에 들어가기로 마음먹고 나서는 관심을 재분배했습니다. 한 사람이 관심을 쏟을 수 있는 시간과 체력에는 한계가 있기 때문에 선택과 집중이 필요했어요. 저의 재분배는 '관계'에 대한 관심의 비중을 줄이고, '경제'에 대한 비중을 늘리는 선택이었습니다.

사실 처음부터 이렇게 하겠다고 마음먹었던 건 아니에요. 경제에 관심을 갖고 공부하는 시간이 늘어나면서 자연스럽게 다른 영역에 쏟던 시간과 관심이 줄어들었고, 그게 결국 재분배로 이어진 거죠.

하지만 여러분은 저처럼 우연히가 아니라 의식적으로 '관심의 재분배'를 선택하셨으면 해요. 알고 하는 것과 모르고 하는 것에는 받아들이는 깊이와 속도에서 큰 차이가 있으니까요.

관심의 재분배가 결코 쉬운 일은 아니에요. 재분배가 일어나면 예전만큼 시간을 쏟지 못하는 영역에서는 삐죽삐죽 불안감이 올라오거나, 예전처럼 유지되기를 바라는 마음도 생기거든요. 저처럼 마음먹고 한 선택이 아니라면 '이게 맞나' 싶은 불안감은 더 클 수밖에 없어요.

그럴 때 저에게 큰 위로가 되었던 건 다양한 책과 영상들이었어요. 특히 뇌과학 박사 개리 마커스(Gary Marcus)의 《클루지》라는 책을 통해 '무리 짓기'와 '소외감'은 인류의 생존을 위한 본능이자, 진화의 유물이라는 사실을 알게 되었어요. 하지만 이러한 본능은 현대 사회에서 더욱 발전적인 의사결정을 내릴 때 오히려 방해가 될 수도 있다는 이야기였죠.

이 사실을 알고 나니 소속감이나 소외감에 예전처럼 민감하게 반응하지 않게 되었어요. '내가 이상한 게 아니구나', '이건 누구에게나 생길 수 있는 감정이구나' 하고 받아들이면서 마음이 훨씬 편안해졌고, 관심의 재분배에 좀 더 몰입할 수 있었습니다.

인생의 방향을 바꾸는 법

관계의 측면에서 조금 더 깊이 들여다보면, 부자일수록 '시간'이라는 자원을 매우 중요하게 여긴다고 해요. 시간은 누구에게나 공평하게 주어지지만, 어떻게 활용하느냐에 따라 인생의 결과는 완전히 달라질 수 있는 멋진 자산이죠. 그런 소중한 시간을 만날 때마다 부정적인 말과 에너지로 영향을 주는 사람에게 쓰는 선택이 과연 옳을까요?

과거의 저는 '옛정'이라는 이름 아래 그런 관계를 억지로 이어간 적도 꽤 많았어요. 나의 시간을 희생해서라도 그 친구와의 인연을 꾸준히 이어 나가는 것이 옳다고 생각했었거든요. 하지만 많은 책을 읽고, 긍정적인 에너지를 주는 사람들과 함께하면서 생각이 점차 달라졌어요. 내 시간은 내 삶을 더 나아지게 하는 데 써야 한다는 확신이 생겼습니다.

여러분도 '시간'이라는 자원을 조금 더 소중히 생각하고, 그 시간을 긍정적인 영향을 주는 관계와, 삶에 도움이 되는 새로운 관심거리로 채워보는 건 어떨까요?

그 관심 중 하나가 바로 '경제'입니다. 우리가 매일 살아가는 이 자본주의 사회에서는 경제 흐름을 아는 것만으로도 인생의 방향이 달라질 수 있어요.

그래서 저는 단언합니다. 경제에 관심을 갖는 것과 갖지 않는 것은 정말 큰 차이를 만든다고요. 세상이 어떻게 돌아가는지, 자본주의 사회는 어떤 구조인지 알게 될수록 점점 더 재테크의 중요성을 느끼게 될 거예요. 특히 본격적으로 투자를 시작하면 정책 하나, 기사 하나에도 주식이나 부동산 시장이 얼마나 민감하게 반응하는지 체감하게 돼요. 이처럼 늘 '지금 세상이 어떻게 돌아가고 있는지'에 관심을 갖는 것, 그것이 결국 여러분의 자산과 삶을 지키는 첫걸음이 될 거예요.

 ## 경제 뉴스를 쉽게 보는 법

'좋았어! 나도 경제에 관심을 가져야겠어'라고 결심하고 갑자기 신문을 보고, 딱딱한 경제 용어들을 공부하려고 하면 재테크가 즐겁지 않을 수 있어요. 저도 처음 경제 뉴스를 접했을 때 모르는 말이 많아 답답했고, 그 뒤로는 괜스레 겁이 나서 멀리하게 된 경험이 있거든요.

그래서 처음 시작하는 분들이라면 바로 신문을 구독하기보다는 경제 뉴스를 조금 더 쉽게 풀어서 설명해주는 팟캐스트나 유튜브 영상으로 시작해보는 걸 추천해요. 제가 즐겨 듣는 팟캐스트는 '손에 잡히는 경제' 채널의 '손경제'와 '상담소' 콘텐츠예요. '손경제'에서는 매일 경제 뉴스를 아주 쉽게 풀어서 설명하고, '상담소'에서는 우리와 비슷한 고민들을 하나씩 친절하게 다뤄서 듣다 보면 정말 큰 도움이 돼요.

나아가 경제 뉴스에서 관심 있는 분야나 주제가 생기면 블로그나 유튜브, 책을 통해 확장된 내용을 찾아보고 직접 실천하는 것도 좋은 방법이에요.

경제 용어가 낯선 분들을 위해서는 한국은행 '경제용어 700선 PDF'를 추천해요. 종이책으로 구매할 수도 있지만, PDF는 한국은행 홈페이지에서 무료로 다운로드 받을 수 있으니 참고하면 기초지식을 닦는 데 많은 도움이 될 거예요.

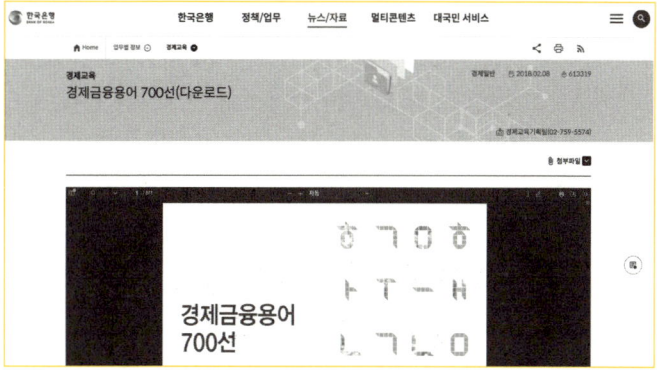

경제금융용어 700선

03

당연함을 의심하고, 정체성을 바꿔라

"자산가는 금수저들이나 되는 거지. 내가 무슨….."
"빚은 무조건 나쁜 거야."
"집은 결혼하고 나서 사야지. 지금은 무리야."

혹시 이런 말, 한번쯤 해본 적 있지 않으세요? 저도 그랬어요. 특히 사회초년생 시절에는 주변 사람들이 다 그렇게 말하니까, 저도 모르게 이런 생각들을 '상식'처럼 받아들이고 있더라고요.

하지만 지금 돌이켜보면, 그 '당연함'이야말로 경제적으로 자유로워지는 걸 방해하는 가장 큰 장애물이었어요.

제가 자주 점검하는 마인드셋 중에 이런 게 있어요.
"나의 무의식이 당연하게 생각하고 있는 건 없을까?"

이건 단순한 질문이 아니라, 제 삶의 방향을 완전히 바꾸게 만든 질문입니다. 왜냐하면 저 역시 원래부터 '재테크 DNA'를 타고난 사람이 아니었거든요.

학창 시절의 저는 공부와는 거리가 먼 아이였어요. '난 원래 그런 스타일이 아니야', '공부는 잘하는 애들이 따로 있지' 같은 생각이 익숙해서 시험에 큰 기대도 없었고, 오죽하면 받아쓰기 0점에 구구단도 못 외워서 나머지 공부를 하기도 했었죠.

그런데 어느 날, 부모님이 제게 조용히 말씀하셨어요.

"지금 네가 하는 생각이 너를 결정하는 거야. 너는 지금 학생이니까 배우는 것에 책임을 다해야 해. 지금은 부족해서 학교에서 나머지 공부를 하고 있지만, 넌 그 이상을 충분히 해낼 수 있는 사람이야."

그 말이 이상하게도 마음에 깊이 남았어요. 부모님은 저를 나무라거나 누구와 비교하지 않으셨거든요. 그저 '너 자신이 만든 틀 안에서 살고 있는 건 아닐까?'를 묻는 것 같았고, 무엇보다 저를 진심으로 믿어주시는 게 느껴졌어요.

그때부터 '당연한 생각'을 의심해보기 시작했던 것 같아요.

'나는 진짜로 공부를 못하는 사람일까? 아니면, 그냥 내가 그렇게 믿고 살아온 걸까?'

그래서 한번 시험 삼아 '나는 공부를 못하는 사람'이라는 정체성을 내려놓고, 무작정 수업시간에 열심히 집중해보기로 했어요.

당연히 처음엔 성적이 확 오르진 않았어요. 하지만 신기하게도 마음속에 작은 자부심이 생기기 시작했습니다.

'나는 점점 내가 원하는 모습으로 변하고 있어.'

이 자부심은 저를 더 노력하게 만드는 원동력이 되었고, 그 결과 성적은 조금씩, 꾸준히 오르기 시작했어요. 결국 노력의 시간들이 모여 고등학생 때는 전교 1등이라는 결과를 얻었고, 원하는 대학에도 당당히 합격할 수 있었습니다.

나는 영어를 잘하게 될 사람이야

이후 또 한 번의 강력한 전환점이 있었는데, 바로 캐나다 어학연수 시절이에요. 단순히 '영어 좀 해볼까?' 하는 가벼운 마음으로 떠난 건 아니었어요. 제가 다니던 대학은 전공 수업과 시험, 과제가 모두 100% 영어로 진행되는 곳이었는데, 처음엔 정말 좌절감을 느낄 만큼 따라가기가 힘들었거든요. 과고, 외고, 영재고 출신의 친구들이 이미 고등학교 때 선행학습으로 배운 내용을 복습하는 느낌이라면, 일반고를 나온 저에게는 영어 수업에 적응하는 것조차 벅찼어요. "이 정도는 고등학생 때 다 배운 거잖아"라는 친구의 말에 위축되는 날도 있었습니다.

당시 제게 남은 선택지는 2가지였어요. 포기하거나, 영어 실력을 키워서 돌파하거나! 전 후자를 선택했습니다. 영어를 잘해야 수업을 이해할 수 있었고, 그것이 곧 학점과 진로, 더 나아가 제 미래와도 이어진다고 생각했거든요. 그래서 결심했죠.

"영어만 쓰는 환경 속에 들어가보자!"

휴학을 결심하고, 어학연수를 가기 위해 아르바이트를 시작했어요. 부모님의 경제적 지원을 받기 어려운 상황이었기 때문에, 아르바이트 2~3개를 병행하며 생활비를 제외한 모든 돈을 저축했습니다.

하지만 현실은 계획처럼 흘러가진 않았어요. 집안 사정이 어려워지면서, 제가 모은 돈은 가족의 생활비로 쓰이게 되었거든요. 물론 부모님도 최선을 다하고 계셨지만, 큰 꿈을 품고 아르바이트에 매진했던 스물한 살의 저는 그 현실이 참 서글프고 속상했어요.

결국 계획했던 어학연수 기간은 훨씬 줄어들었고, 어학원 등록금과 왕복 비행기표, 홈스테이 비용을 지불하고 나니 제 손에 남은 돈은 고작 40만 원뿐이었어요. 그래도 저는 망설임 없이 캐나다로 떠났습니다.

캐나다행 비행기에서 창문을 보며 다짐했어요.

"내게 주어진 시간은 3개월, 남은 돈은 40만 원. 하지만 목표는 원어민처럼 영어를 말하는 것."

처음 혼자 해외에 나가는 것도, 영어만 쓰며 살아야 하는 것도 저에겐 너무 낯설고 두려운 도전이었어요. 특히 첫 몇 주는 수업 내용을 거의 알아듣지 못했고, 말 한마디 하는 데도 땀이 났어요. 말을 거의 안 하니까 선생님은 제 이름조차 부르지 않았고, 심지어 "너 누구야? 아무 말도 못하잖아"라고 하면서 저를 마치 투명인간처럼 대하기도 했습니다.

그런데 이상하게 그 와중에도 포기하고 싶다는 생각보다는 '나는 영어를 못하는 사람으로 남고 싶진 않아'라는 마음이 더 강하게 들었어요. 그래서 저는 제 정체성을 바꾸기로 결심했습니다.

"나는 영어를 잘하게 될 사람이야. 반드시 할 수 있어."

그렇게 스스로 믿음을 주입하며 매일 다짐했어요. 그때부터는 이동 중에도 영어 회화 파일을 반복해서 들었고, 혼잣말도 영어로 녹음하고 스스로 피드백을 했어요. 부족하더라도 영어로 일기를 썼고요. 한국어는 되도록 쓰지 않겠다는 각오로 생활하다 보니, 어느새 꿈조차 영어로 꾸게 되더라고요.

그 결과는 정말 놀라웠어요. 수업 시간에 점점 제 의견을 말할 수 있게 되었고, 어학원 선생님들도 제 영어 실력이 향상되는 속도에 깜짝 놀랐어요. 한때 저를 '투명인간'처럼 대하던 선생님이 제 이름을 제대로 불러준 순간은 아직도 생생해요. 나중에는 그 선생님과 장난을 주고받을 만큼 가까워지기도 했답니다.

물론 그 과정이 쉽진 않았어요. 캐나다에 도착해 생필품과 교통카드를 사고 나니 남은 돈이 거의 없어서 최대한 빨리 일을 구해야 했거든요. 이력서를 정성껏 작성해 가게마다 일일이 찾아다녔고, 왕복 3시간 거리의 외곽에 있는 스시집에서 웨이트리스로 일할 기회를 얻을 수 있었어요.

서툰 영어로 전화 주문을 받다 실수도 많이 했고, "Sorry?", "Pardon?"만 반복하다가 혼나기도 했지만, 그런 절박한 환경 속에서 영어 실력은 놀라울 만큼 빠르게 늘기 시작했어요. 팁 문화 덕분에 친절하게 응대할수록 수입도 늘었고요. 저는 말 그대로 하루하루 온몸으로 영어를 체득했습니다.

주말이면 친구들은 근교로 여행을 떠났지만, 저는 외곽에서 일을 하다가 매일 밤 12시가 넘어서야 집에 돌아올 수 있었어요. 그래도 '내가 왜 여기 왔는지' 그 이유만큼은 잊지 않았습니다.

그 결과 3개월 만에 어학원 레벨을 2단계나 올리고, 영어 토론 수업에서도 당당하게 의견을 말할 수 있게 되었어요. 오픽 시험(OPIc, 외국어 말하기 평가 시험)에서도 별다른 준비 없이 최고등급인 AL을 받았고요.

그때 저는 또 한번 깨달았어요. 사람은 정말 '자신이 정의한 정체성'대로 살아간다는 것을요.

저는 더 이상 '영어를 못하는 일반고 출신 학생'이 아니었어요. '영어를 잘하게 될 사람'이라고 나 자신을 정의하고, 의심 없이 그 정체성을 따라가니 정말 그렇게 바뀌더라고요.

그리고 이때 쌓은 영어 실력이 복학 후 전공 수업을 이해하는 데 큰 도움이 되었고, 발표나 토론 수업에서도 자신감을 가질 수 있었어요. 덕분에 영어는 제 든든한 강점이 되었고, 나중엔 그 실력을 바탕으로 오스트리아에 교환학생까지 다녀올 수 있었죠.

이 경험을 통해 저는 다시 한 번 확신했습니다. 사람은 결국 스스로를 어떻게 정의하느냐에 따라, 살아가는 방식이 완전히 달라질 수 있다는 것을요.

나 자신을 어떻게 정의하고 있나요?

정체성을 바꾸는 경험들은 나중에 제가 재테크를 시작할 때도 똑같이 적용되었어요. '나는 돈에 약해', '나는 투자와는 안 맞아'라는 생각은 결국 그런 결과를 만들 수밖에 없어요.

반대로 '나는 돈을 다룰 줄 아는 사람', '나는 배우면 뭐든 해낼 수 있어'라고 스스로를 정의하면, 어느새 그 생각에 맞는 행동을 하게 되고, 결국 정말 그런 사람이 되어 가요.

예를 들어볼게요. 많은 사람들이 '대출＝나쁜 것, 하루라도 빨리 갚아야 할 빚'이라고 생각합니다. 하지만 자산가들은 오히려 대출을 도구로 사용해서 더 큰 자산을 만들어요. 단순히 빚을 나쁘다고만 여기면, 우리는 금융의 진짜 도구들을 제대로 활용할 수 없어요.

또 '나는 월급쟁이니까 어쩔 수 없어', '투자는 부자들이나 하는 거지'라고 단정 지어버리면, 그 생각대로 계속 '월급만 기다리는 사람'으로 살게 돼요. 이것이 바로 나의 무의식이 당연하게 생각하는 프레임이 현실을 결정하는 순간이에요.

여기서 한 발 더 깊게 들어가 '나는 어떤 사람인가?'라는 질문을 던져야 해요. 돈을 모으기 전에 '내가 돈을 잘 모을 수 있는 사람이라고 진심으로 믿는가?'를 먼저 점검해야 하거든요.

결국 변화의 시작은 '정보'보다 '정체성'이에요. 어떤 책을 읽고, 어떤 영상을 보는지도 물론 중요하지만, 그보다 '나는 어떤 사람으로 살고 싶은가?'를 스스로 정의하고, 그것을 진심으로 믿고 받아들이는 과정이 선행되어야 비로소 그 방향에 맞는 선택과 실행이 뒤따라와요.

그래서 저는 스스로 이렇게 정의했어요.

"나는 돈을 배워서 다룰 줄 아는 사람이다."

이러한 정체성을 가진 순간부터 어떤 선택을 해야 할지가 명확해졌고 실제로 '돈이 모이고 자라는 구조'를 하나하나 만들 수 있었어요.

지금 여러분은 스스로 어떻게 정의하고 있나요?

'나는 숫자에 약한 사람이다.'

'나는 재테크와 맞지 않다.'

'나는 평범한 월급쟁이일 뿐이다.'

혹시 여러분의 현실을 이런 정의가 그대로 만들어가고 있는 건 아닐까요? 제가 확실히 말할 수 있어요. 사람은 결국 자신이 믿는 정체성대로 살아갑니다. 그리고 그 정체성을 의심하고 바꾸는 순간, 인생의 궤도도 완전히 달라질 수 있어요.

돈을 모으기 전에 먼저 바꿔야 할 건 '신념'이에요.

"나는 돈을 잘 다루는 사람이야."

이렇게 자신에게 말해보세요. 그 순간부터 생각과 행동이 달라집니다. 내가 그동안 당연하다고 믿어온 것들, 그게 정말 '내가 원하는 삶'인지, 그 생각이 나를 가두고 성장의 발목을 잡고 있지는 않았는지 오늘 단 한 번이라도 의심해 봤으면 좋겠어요. '당연함'을 의심하는 순간, 우리의 인생은 더 이상 예전과 같지 않을 거예요.

지금 당신에게 필요한 질문

Q. 나는 지금 어떤 당연함 속에 살고 있나요?

_____
_____
_____

Q. 내가 진심으로 되고 싶은 정체성은 어떤 모습인가요?

_____
_____
_____

Check! 꼭 이곳에 자신의 생각을 적어보세요. 책은 무조건 '더럽게' 읽어야 해요. 필기도 하고 접기도 하면서 읽어야 기억에 더 오래 남고 나의 자산이 된답니다.

저도 예전에는 '혹시 이 책을 중고로 팔 일이 있지 않을까? 누군가에게 빌려줄 일이 있지 않을까? 새 책처럼 읽어야지' 하면서 조심스럽게 읽었던 적이 있었는데, 확실히 기억에 잘 남지 않더라고요. 책을 읽기 위해 시간을 쓰고 정성을 쏟는데, 정작 머릿속에 남는 것도 없고 내 삶에 변화가 없다면 그게 무슨 의미가 있을까요?

책 한 권을 확실하게 소화하려면 많이 접고, 밑줄을 긋고 내 생각도 적어봐야 해요. 더러워지면 어떤가요. '나에게 가치를 주는 것'이 책의 용도인 걸요. 처음에 밑줄 긋는 것이 어렵지, 한번 '깨끗하게 읽고자 하는 마음'을 내려놓으면 훨씬 도움이 될 거예요.

사실은 '조삼모사'보다 '조사모삼'이 낫다

'조삼모사(朝三暮四)'라는 고사성어를 한 번쯤은 들어보셨을 거예요. 도토리를 아침에 3개 저녁에 4개를 받든, 아침에 4개 저녁에 3개를 받든 결국 하루에 받게 되는 총개수는 7개로 똑같은데, 눈앞의 차이만 보고 화를 내기도 하고 기뻐하기도 한 어리석은 원숭이 이야기예요. 이는 보통 눈앞에 보이는 작은 이익이나 손해에 연연해서 전체를 보지 못하는 어리석음을 비유할 때 자주 인용됩니다.

그런데 우리가 돈을 모으고 불려가는 재테크 세계에서는 이 조삼모사 이야기가 조금 다르게 느껴질 때가 있어요. 오히려 아침에 4개를 먼저 받는, 즉 '조사모삼(朝四暮三)'이 훨씬 더 유리한 경우가 많기 때문이에요.

조금 의아하게 느껴질 수 있어요. 합치면 결국 7개로 같은데, 왜 조삼모사보다 조사모삼이 낫다는 걸까요? 여기에는 바로 금융에서 매우 중요한 3가지 개념, '기회비용, 레버리지(leverage) 그리고 복리의 비밀'이 숨어 있습니다.

우리는 단순히 '총 7개'라는 숫자만 볼 것이 아니라, 그 돈을 언제 받고 어떻게 활용하느냐에 따라 장기적인 결과가 완전히 달라질 수 있다는 관점을 가져야 해요. 그럼 금융 세계에서 '조사모삼' 마인드가 왜 중요한지 구체적인 예시를 들어 설명해 볼게요.

대출, 굳이 서둘러 갚지 마세요
(feat. 기회비용과 레버리지)

사회생활을 시작하면 많은 분들이 학자금 대출, 생활비 대출, 신용대출 등을 안고 살게 됩니다. 그리고 '빚은 무조건 빨리 갚는 게 상책이야!'라고 생각하며 어떻게든 허리띠를 졸라매서 대출부터 갚으려는 분들이 많을 거예요.

물론 빚이 없으면 마음이 편안하죠. 그 마음 충분히 이해합니다. 하지만 여기서 '조사모삼'의 지혜가 필요해요. 만약 금리가 낮은 대출이라면 어떨까요? 예를 들어 연 2~3%대의 저금리로 대출을 받았다면, 이 돈을 빨리 갚는 것보다 다른 곳에 투자해 더 높은 수익을 올리는 것이 금융적으로는 훨씬 이득일 수 있어요.

여기서 등장하는 개념이 바로 '기회비용'입니다. 100만 원이 있을 때, 이 돈으로 연 2% 대출을 갚으면 1년에 2만 원의 이자 비용을 줄일 수 있어요. 하지만 이 100만 원을 연 5% 수익률을 내는 투자 상품에 넣는다면 1년에 5만 원의 수익을 얻을 수 있죠.

대출을 갚음으로써 얻는 이익(이자 절감 2만 원)보다 투자함으로써 얻는 이익(투자 수익 5만 원)이 더 크다면, 대출을 갚는 대신 투자하는 것이 더 현명한 선택이 됩니다. 대출을 갚느라 포기하게 되는 추가 이익 3만 원이 바로 이 상황에서의 기회비용이 되는 거예요.

그리고 여기서 하나 더 중요한 개념이 있어요. 바로 '레버리지'입니다. 레버리지란 지렛대처럼 작은 힘으로 더 큰 결과를 만들어내는 효과를 말해요. 예를 들어 내 돈 100만 원으로는 5만 원의 수익밖에 내지 못하지만, 낮은 금리로 빌린 돈(레버리지)을 활용해서 투자 규모를 늘리면 전체 수익을 더 키울 수 있어요.

물론 레버리지는 양날의 검이라 투자 실패 시 손실도 커질 수 있다는 점은 명심해야 합니다. 하지만 안정적인 투자처와 낮은 대출 금리를 잘 활용한다면, 이 '빚'이 오히려 자산을 늘리는 데 도구가 되기도 해요.

저는 대출 금리가 연 5%보다 낮다면, 굳이 대출을 서둘러 갚기보다는 그 돈을 잘 굴려서 5% 이상의 수익을 낼 수 있는 기회를 찾는 편이에요. 물론 빚에 대한 심리적인 부담이 클 수도 있지만, 냉정하게 숫자로만 따져보면 낮은 금리 대출을 갚는 것보다 수익률이 더 높은 곳에 투자하는 것이 장기적으로 자산을 더 빠르게 불릴 수 있는 전략이 될 때가 많거든요.

물론 이 전략은 투자 수익률이 대출 금리보다 높다는 전제가 깔려 있어야 하고, 투자에는 항상 위험이 따르기 때문에 신중하게 결정해야 합니다.

하지만 '빚은 무조건 악(惡)'이라는 생각에서 벗어나, 대출 금리와 예상 투자 수익률을 비교하며 똑똑하게 기회비용과 레버리지 개념을 적용해보는 마인드셋 변화는 분명 필요해요.

이자도 먼저 받아서 다시 굴려요
(feat. 복리의 마법)

우리 사회에서는 '빚'이 무조건 나쁜 것이라는 인식이 강하다 보니, 대출이나 레버리지에 대해 열린 마음을 갖기까지 다소 시간이 필요할 수도 있어요. 그래서 이번에는 좀 더 일상에서 쉽게 와닿을 수 있는 '조사모삼' 예시를 준비했습니다. 바로 예금 이자를 받을 때, 만기 시 한꺼번에 받을지 아니면 매달 나눠 받을지를 선택하는 문제예요.

이자를 받는 방식은 크게 2가지가 있는데요, 만기 지급식과 월 지급식입니다. '만기 지급식'은 예금 계약 기간(예: 1년)이 끝날 때 약속된 이자를 한꺼번에 받는 방식이에요. 깔끔하고 편하죠. 아마 가장 익숙한 방법일 겁니다. '월 지급식'은 원금에 대한 이자를 매달 나누어 받는 방식이에요.

대부분은 만기 지급식을 선택합니다. 한 번에 목돈처럼 이자를 받으면 뿌듯한 기분도 들고, 신경 쓸 일도 적으니까요.

하지만 '조사모삽' 마인드를 가진 사람들은 오히려 매달 이자를 받는 월 지급식을 선호하는 경우가 많아요. 왜일까요? 바로 그 이자를 가만히 두지 않고 다시 일하게 만들 수 있기 때문입니다.

만기 지급식으로 1년 뒤에 이자 10만 원을 한꺼번에 받는다고 가정해 볼게요. 이 경우, 그 10만 원은 고스란히 '딱 10만 원'으로 끝납니다. 하지만 월 지급식으로 매달 약 8300원(10만 원÷12개월)을 받는다면 어떨까요? 매달 받은 8300원을 그대로 두지 않고, 파킹 통장에 넣거나 소액 투자를 하는 등 다시 재테크에 활용할 수 있어요.

이렇게 매달 받은 이자가 또 다른 이자를 낳고, 그 이자가 또 이자를 낳는 과정이 반복되면서 자산이 눈덩이처럼 불어나는 것이 바로 '복리의 마법'입니다. 눈앞에 보이는 이자 총액(7개)만 볼 때는 똑같아 보이지만, 이자를 먼저(4개) 받아서 꾸준히 재투자하면 만기 때 총 7개 이상, 아니 8개, 9개 그 이상으로 불어날 수도 있는 거죠.

저 역시 예금 상품을 고를 때는 가능한 월 지급식을 선택해요. 매달 들어오는 이자를 보면서 소소한 즐거움도 느끼고, 그 돈을 다시 다른 재테크에 활용하면서 '아, 내 돈이 이렇게 열심히 일하고 있구나!' 하고 느끼거든요. 이렇게 받은 이자를 소비해 버리지 않고, 다시 자산 증식에 활용하는 작은 습관 하나가 장기적으로는 정말 큰 차이를 만들어냅니다.

돈과 시간을 바라보는 새로운 시각

결론적으로 '조삼모사보다 조사모삼이 낫다'는 것은 단순히 도토리 몇 개를 먼저 받느냐의 문제가 아니라, 돈과 시간을 바라보는 마인드셋의 차이입니다.

전통적인 '조삼모사'가 당장의 편안함(나중에 한 번에 받는 이자, 빚을 빨리 갚는 것)이나 단순한 총액(하루에 도토리 7개)에 초점을 맞춘다면, '조사모삼'은 시간의 가치, 기회의 중요성, 그리고 복리의 힘을 이해하고 적극적으로 활용하려는 태도를 의미해요.

즉, 내 주머니에 돈이 들어오는 시점을 앞당기고, 그 돈이 아주 작더라도 다시 '일하게' 만드는 습관을 들이는 것. 이것이 바로 자산을 빠르게 불려나가는 사람들의 핵심 마인드셋 중 하나입니다.

'낮은 금리의 대출을 갚을까, 아니면 그 돈으로 더 높은 수익을 낼 방법을 찾아볼까?'

'이자를 만기 때 한 번에 받을까, 아니면 매달 받아서 다시 재투자 해볼까?'

이러한 작은 선택의 순간마다 '조삼모사'가 아닌 '조사모삼'의 마인드로 접근해 보세요. 눈앞의 작은 차이가 아니라, 시간과 복리가 만들어낼 장기적인 큰 차이에 집중하는 거죠.

이러한 마인드셋 변화는 처음에는 어색하고 귀찮게 느껴질 수도 있어요. 하지만 자꾸 연습하고 실제로 작은 변화를 만들어나가다 보면, 어느새 돈을 훨씬 효율적으로 다루는 자신을 발견하게 될 거예요. 부자가 되는 길의 시작은 바로 돈을 바라보는 시각, 마인드셋을 바꾸는 것입니다.

#2 너 뭐 돼?

3장
당장 오늘부터 가능한 부자습관

01

돈이 새는 구멍부터 막아라

요즘 저는 23살 금융문맹이었던 동생을 개조(!)하는 데 힘을 쏟고 있어요. 주식, 예금, 적금에 대해 전혀 몰랐던 동생이 불과 3개월 만에 ISA 계좌를 개설하고 ETF를 매수하는 모습을 보니 정말 뿌듯하답니다. 여기에서는 제가 동생을 어떤 방법으로 변화시켰는지 그 과정을 하나하나 풀어보려고 해요. 챕터 마지막에는 '워크시트'도 수록해 두었으니, 함께 작성해보면 분명 도움이 될 거예요.

제가 동생과 가장 먼저 시작한 것은 '현황 파악'이에요. 생각보다 많은 사람들이 자신이 한 달에 얼마를 벌고, 어디에 쓰는지 정확히 모른 채 살고 있더라고요. 제 동생은 심지어 아르바이트 월급이 정확히 얼마인지조차 몰랐으니 말 다했죠.

재테크를 결심했다면 가장 먼저 해야 할 일은 지금까지 모은 자산이 얼마인지, 한 달 고정 지출은 얼마나 되는지 그리고 불필요한 지출은 무엇인지 정확히 파악하는 겁니다. 워크시트에 맞춰 차근차근 작성하기만 해도, 직접 종이에 적고 시각화함으로써 몰랐던 부분을 깨닫고 의외로 고정지출을 줄일 수 있는 항목들을 발견할 수 있을 거예요.

실제로 이 워크시트를 활용해 주변 몇몇 지인들의 재무 상담을 도와준 적이 있는데, 이 과정을 거치며 평균적으로 월 8만 원 정도의 고정비를 줄일 수 있었어요. 단지 종이에 적어본 것만으로 월 8만 원, 연간으로는 무려 96만 원의 가치를 만들어낸 셈이죠. 몇 분만 투자해 거의 100만 원에 가까운 '숨은 돈'을 찾을 수 있다면, 해 볼 만한 일이 아닐까요?

현황 파악을 시작하기에 앞서 가장 먼저 체크해보면 도움이 될 핵심 항목 3가지를 말씀드릴게요.

1. 구독 서비스

현황 파악 중 가장 많이 발견되는 불필요 지출 1순위는 '구독 서비스'입니다. 생각보다 자주 사용하지 않지만, 귀찮아서 해지하지 않고 유지하는 경우가 많아요. 하나씩 따질 땐 큰돈처럼 느껴지지 않다가도, 모두 정리해 합산해보면 총액이 20만 원에 달해서 그제야 '몇 개는 줄여야겠다'는 생각이 들기도 해요.

실제로 이 과정에서 제 동생은 디즈니플러스와 유튜브 프리미엄

구독을 해지하고 월 2만 5000원, 연 30만 원을 절약할 수 있었어요. 그리고 놀랍게도 지금까지 전혀 불편함 없이 아주 잘 살고 있답니다.

여러분도 꼭 필요한 구독 서비스가 아니라면 과감히 해지해보는 걸 추천해요. 해지하기까지가 어렵지 막상 해지하고 나면 생각보다 불편함 없이 잘 지내는 경우를 많이 봤거든요. 가볍고, 뿌듯한 기분이 드는 건 덤이고요.

물론 재미있는 OTT서비스를 포기하는 게 쉽지는 않지만, 저 같은 경우엔 평소에는 구독하지 않다가 꼭 보고 싶은 시리즈가 나올 때만 1개월 이용권을 결제해 한 달 동안 몰아서 본 뒤, 다시 과감하게 해지하는 방식을 활용하고 있어요.

2. 통신비

많은 분들이 데이터 무제한 요금제를 선호하죠. 업무상 필요하거나 이동 중에 자주 데이터를 사용하는 분들이라면 충분히 납득되는 선택이에요. 하지만 실제 사용량을 보면, 한 달에 10~40GB도 안 되는 경우가 굉장히 많습니다. 이럴 때는 자신의 평균 데이터 사용량에 맞춰 요금제를 조정하는 것만으로도 매달 2~3만 원씩, 연간으로는 수십만 원을 아낄 수 있어요.

저도 처음에는 무제한 요금제를 사용했지만, 월 15GB 요금제로 변경하면서 월 3만 원, 연 36만 원 정도의 통신비 절약 효과를 봤어요. 제 경우에는 회사에서는 전화 외의 휴대폰을 거의 사용하지 않고, 집에서는 와이파이를 쓰니까 생각보다 데이터 사용량이 많지 않더라고요. 가끔 데이터가 많이 필요할 땐 데이터 리필 쿠폰을 활용하거나 필요한 만큼만 충전해서 사용하는 게 요금제를 상향 조정하는 것보다 훨씬 경제적이었어요.

여러분도 월 평균 데이터 사용량에 요금제를 맞추고, '특정 달에 많이 필요할 것 같다'면 그 달 때문에 요금제 자체를 올리지 말고, 그때그때 충전해서 사용하는 걸 꼭 검토해 보세요. 나의 데이터 사용량은 'T World'와 같은 통신사 앱에서 확인이 가능하고, 3개월 평균값도 제공하니 참고하면 요금제를 조정하는 데 도움이 될 거예요. 또한 만 34세 이하라면 '청년 요금제'처럼 더 저렴한 요금제를 이용할 수 있으니, 이 조건에 해당된다면 적극 활용하는 것도 추천합니다.

요금제뿐만 아니라, 우리가 자주 놓치는 지출 중 하나는 유료 부가서비스입니다. 휴대폰을 개통하면서 무심코 가입한 컬러링, 각종 보험, 콘텐츠 구독 등은 사용하지 않는데도 매달 비용이 빠져나가는 경우가 많죠. 이러한 유료 부가서비스를 정리하면 연 10만 원 안팎의 지출을 줄일 수 있어요. 물론 보험 해지는 개인의 상황에 따라 신중한 판단이 필요하지만, 사용하지 않는 서비스는 과감히 정리하는 것이 좋습니다.

또 하나 추천드리고 싶은 건 '가족 결합 할인'인데요, 가족 모두가 같은 통신사를 이용하고 있음에도 불구하고, 번거롭다는 이유로 결합 신청을 미루는 경우가 많아요. 하지만 이 혜택은 절대 가볍게 넘길 수 없습니다. 저 역시 가족 결합을 통해 매달 2만 원, 연간

24만 원의 할인 혜택을 받고 있으니 여러분도 꼭 확인해 보세요.

저의 경우 회사 제휴와 가족 결합 덕분에 특정 통신사를 쓰는 것이 할인 효과가 가장 크지만, 대형 통신사 말고 '알뜰폰'을 사용하는 것도 고려해볼 만합니다. 저도 처음에는 '알뜰폰'이라고 해서 이름만 보고 '품질이 떨어지진 않을까?' 하는 걱정이 있었는데, 자세히 알아보니 알뜰폰은 통신비 인하를 위한 정부 정책의 일환으로, 기존 통신 3사의 망을 임대해 사용하는 방식이더라고요.

즉, KT·SKT·LG U+와 동일한 통신망을 사용하기 때문에 품질 저하는 애초에 있을 수가 없는 일인 거죠. 알뜰폰은 대형 통신 3사와 달리 대리점을 운영하지 않고, 광고 등 마케팅 비용이 덜 들기 때문에 동일한 품질의 서비스를 훨씬 저렴한 요금으로 이용할 수 있는 장점이 있어요. 물론 통신 3사에서 제공하는 영화 할인, 편의점 멤버십 같은 부가 혜택은 없지만, 요금제 자체가 저렴하기 때문에 나의 사용 패턴에 맞는 통신사를 고르려는 분들께는 충분히 매력적인 선택지가 될 수 있습니다.

3. 휴대폰 단말기 할부금

통신비 외에도 쉽게 간과하는 부분이 하나 있는데요, 바로 휴대폰 단말기 할부금입니다. 대부분의 사람들이 새 휴대폰을 구매할 때 '24개월 할부' 옵션을 자연스럽게 선택하곤 하죠. 매달 요금과 함께 할부금이 청구되기 때문에 부담이 덜한 느낌이 들기도 하고요.

그런데 이 할부금에도 이자가 붙는다는 사실 알고 있었나요? 그

것도 무려 연 5.9%라는 비교적 높은 금리입니다. 많은 분들이 이 부분을 간과하는데요, 대리점에서도 자세히 설명해주지 않는 경우가 많고, 통신요금과 함께 빠져나가다 보니 이자를 따로 인식하지 못하는 경우가 많기 때문이에요.

하지만 이 책을 읽은 이상, 매달 통신 요금과 함께 고금리 이자를 함께 내고 있다는 불편한 진실을 더 이상 모르고 지나칠 수는 없을 거예요.

통신사 앱으로 들어가서 기기 할부 정보를 보면 할부 청구금액이 있는데요, 이때 총할부 청구금액은 할부 원금에 할부 이자(연 5.9%)가 더해진 총액입니다. 예를 들어 내가 휴대폰을 200만 원에 구매하고 24개월 할부를 선택했다면, 연 5.9% 이자를 포함해 2년 동안 총할부 청구금액은 223만 6000원이 됩니다. 우리는 이 금액을 24개월로 나누어 매월 통신사에 납부하고 있는 거죠. 사실은 24만 원 정도 손해 보고 있는 셈입니다.

제 유튜브 중에 조회수가 많이 나왔던 대표 콘텐츠 중 하나가 '파킹 통장 추천' 영상인데요, 돈을 월급 통장에 두는 것보다 파킹 통장을 활용하면 수십 배의 이자를 받을 수 있어서 인기가 많은 통장이에요. 하지만 아무리 파킹 통장으로 4% 금리를 챙긴다고 한들, 휴대폰 할부금에서 5.9%의 돈이 새어나간다면 오히려 손해를 보는 상황이 될 수도 있겠죠. 그래서 파킹 통장에 넣어둘 여유 자금이 휴대폰 구입비만큼 있다면 되도록 휴대폰 할부금을 먼저 상환하는 것이 전체적으로 더 이익이라는 점 꼭 기억해두면 좋겠습니다.

금이 간 독에 물을 붓기 전에 새는 구멍부터 하나씩 찾아 막아야 하듯, 재테크를 시작할 때는 무작정 투자를 하기보다는 먼저 내 돈이 새어나가는 부분을 점검하고 보완하는 것이 중요해요. 이번 챕터에서 소개한 '현황 파악'은 나의 독을 튼튼하고 견고하게 만드는 데 많은 도움이 될 거예요.

그리고 이 과정은 혼자만이 아니라, 커플이나 부부가 함께하기에 참 좋은 활동이기도 합니다. 서로의 재정 상태를 자연스럽게 공유하면서 워크시트를 함께 작성해 나가다 보면 각자의 소비 성향이나 가치관도 이해하게 되고, 공동의 재무 목표를 세우는 계기가 되거든요. 실제로 저도 욜로(YOLO, You Only Live Once) 정신으로 살던 남자친구를 재테크의 세계로 끌어들일 때 제일 먼저 했던 게 바로 이 '자산 진단 워크시트'를 함께 써보는 일이었답니다.

자산 진단 워크시트

STEP 1 내 자산 한눈에 보기

구분	항목	금액(원)	비고(은행, 상품명 등)
현금성 자산	현금/예적금		
	파킹 통장, CMA		
	청약 통장		
	기타(RP, 발행어음 등)		
투자 자산	주식		
	ETF		
	채권		
	기타(금, 달러, 코인 등)		
부동산 자산	전/월세 보증금		
	보유 부동산 평균 시세		
소비성 자산	자동차, 고가 가전 등		
부채	학자금대출		
	마이너스 통장		
	카드 할부		
	신용대출		
	주택담보대출		
	기타대출		
총자산 - 총부채	순자산 합계		

STEP 2 한 달 소비 흐름 정리하기

지출 항목	내용 예시	월 지출액(원)	비고(품목 등)
고정 지출	월세		
	통신비		
	보험료		
	구독료		
	기타		
변동 지출	식자재 구매		
	외식비		
	배달비		
	쇼핑		
	여가비		
	기타		
기타 지출	선물		
	경조사		
	병원비		
	기타		
총지출액			

02

생활비 0원의 기적을 이루게 해준 체험단

제가 생활비 절약을 위해 처음 시도한 건 '체험단' 활동이었어요. 화장품처럼 생필품 명목으로 고정적으로 나가는 비용을 협찬 받으면 생활비를 절약할 수 있지 않을까 싶었거든요.

우리가 흔히 '절약'을 아끼는 것 정도로만 생각하지만, 사실 절약도 굉장한 재테크라는 점 알고 있었나요? 10,000원을 투자해서 10% 수익을 올리면 이익은 1000원이지만, 원래 나갈 10,000원을 체험단이나 협찬을 통해 아끼면 무려 10,000원을 고스란히 절약하는 셈이니 수익률로 따지면 무려 100%에 달하는 효과입니다.

그런데 협찬은 유명한 사람들만 받는 거 아니냐고요? 실제로는 꼭 그렇지만은 않더라고요. 저 역시 인스타그램 팔로워가 1000명이 되기 전부터 협찬 제안을 받은 적이 있었고, 심지어 팔로워가 200명도 안 되던 초창기에는 제가 먼저 제안해 60만 원 상당의 이벤트를 진행한 경험도 있어요. 협찬을 한 번도 받아보지 않은 제 남자친구도 최근에 처음으로 헤어모델에 도전해 유명한 미용실에서 무료로 머리를 할 수 있었답니다. 중요한 건 '난 안 될 거야'라는 마음에서 '나도 해볼까?'라는 마음으로 정체성을 전환하는 거예요. 꼭 기억하세요!

마음이 움직였다면 이제 실천할 차례입니다. 제 경험상 협찬은 또 다른 협찬으로 이어지는 경우가 많았어요. 처음에는 블로그나 인스타그램에 정성스럽게 쓴 리뷰를 몇 개 올려두면, 이를 본 광고주 측에서 협찬을 제안해 오더라고요. 또한 양질의 리뷰를 쌓아두면, 체험단 사이트에 신청을 했을 때 당첨되는 경우도 많아요.

저도 처음에는 앰플, 패드 같은 화장품 체험단으로 시작했지만, 점차 경험이 쌓이면서 영양제, 의류, 신발은 물론이고, 헤어모델 활동까지 영역을 넓힐 수 있었어요. 어떤 달은 정말 필요한 거의 모든 것을 체험단 협찬으로 해결해 생활비가 '0원'이었던 적도 있었답니다.

제가 직접 활용하는 체험단 신청 리스트는 글 마지막에 정리해두었으니, 꼭 한번 도전해 보세요.

저는 인스타그램 일상 계정을 중심으로 체험단 활동을 해오고 있지만, 주위 이야기를 들어보면 '블로그' 쪽이 체험단 기회가 더 다양하다고 해요. 특히 블로그는 일주일에 2~3건씩, 3개월 정도 성실하게 활동하면 협찬의 기회가 열린다고 하더라고요. 블로그 체험단

스터디도 많이 있으니, 관심 있는 분들은 알아보고 체험단의 귀재가 되어보는 것도 좋을 것 같아요. 추가적으로 리뷰 활동에 재미를 느낀다면 나아가 유료 광고 콘텐츠나 쿠팡 파트너스 등 부수익 창출에 도전해봐도 좋고요.

 나만 알고 싶은 체험단 신청 사이트

1. 헤어모델

미몽(앱): 지역별로 모델을 모집하고 있는 디자이너를 볼 수 있고, 채팅을 통해서 원하는 스타일과 약속을 미리 잡을 수 있어요. 반대로 내가 직접 원하는 머리를 공개적으로 요청해서 디자이너들의 연락을 받을 수도 있습니다(디자이너마다 재료비를 받는 곳도 있으니 참고하세요. 그래도 훨씬 저렴하게 머리를 할 수 있어서 강력 추천!).

당근(앱): 요즘에는 당근으로도 헤어모델을 활발하게 구하더라고요. 접근성이 좋으니 한번 검색해 보세요.

2. 맛집

강남맛집 체험단: 캠페인 수도 많고 다양해서 선정 확률이 높은 편이에요. 그러나 단점으로는 제공하는 금액이 그렇게 큰 편은

아닙니다.

디너의여왕 체험단: 이용자가 많은 만큼 신청할 수 있는 항목은 많지만, 그만큼 경쟁률도 꽤 치열한 편이에요. 유사하게 '택배의 여왕, 뷰티의여왕'도 있으니 제품 체험단 신청을 자주 한다면 추천합니다.

3. 의류

무신사 체험단: 무신사에 있는 의류, 뷰티 제품들을 무료로 체험하고 리뷰를 남기는 활동입니다. 초반에는 경쟁률이 비교적 낮은 상품부터 시작해서 참여 기록을 쌓는 게 중요해요. 양질의 리뷰가 쌓이면 당첨 확률이 자연스럽게 높아집니다. 단, 선정되고 후기를 미작성할 경우 해당 계정의 체험단 참여 권한은 영구적으로 박탈되니 이 점은 주의하세요.

지그재그 체험단: 지그재그에 있는 상품들을 무료로 체험하고 리뷰를 남기는 활동이에요. 탑리뷰어 500이 되거나, 활동지수를 높이면 선정될 확률이 높아집니다. 신청하는데 시간이 진짜 얼마 안 걸리니까 많이 신청해두면 당첨 확률은 더 올라갈 거예요.

29cm 체험단: 29cm에 있는 상품들을 무료로 체험하고 리뷰를 남기는 활동이에요. 신청은 매우 간단해요. 경쟁률이 좀 있기는

하지만 꾸준한 리뷰 활동과 알림 설정을 해두면 당첨 확률이 올라갑니다. 매주 월요일 10시에 새로운 브랜드 모집이 오픈되니 한번 살펴보세요.

4. 생필품

리뷰노트: 블로그에 한정된 체험단이 아니라 인스타그래머도 도전해볼 수 있어요. 규모에 비해서 선정 확률이 높은 편이에요. 음식부터 과일, 생필품들에 대한 다양한 체험단이 있습니다. 특히 지역 규모 체험단은 선정 확률이 높아요.

구구다스: 영양제, 생필품, 화장품 등을 체험할 수 있는 사이트에요. 상대적으로 경쟁률이 낮고, 블로그 체험단 종류가 훨씬 많기는 하지만 인스타그램, 숏폼으로도 체험단이 가능해요. 꿀팁은 구매평 체험단의 경우, 내가 실제로 구매를 한 뒤에 포인트로 페이백을 받는 거라 상대적으로 경쟁률이 낮다는 점 참고하세요.

태그바이: 앱으로 들어갈 수 있어서 접근성이 좋고, 블로그 이외 플랫폼 체험단도 많아요. 선정 확률도 높아서 저도 쏠쏠하게 이용하고 있답니다. 여기에도 구매 체험단이 있는데 구매하고 페이백을 받으면 바로 현금화가 가능합니다.

03

똑같은 24시간, 왜 누구는 인생이 바뀔까?

하루 중 일하는 시간 외에 내가 자유롭게 쓸 수 있는 시간은 언제일까요? 대표적으로 출근 전, 점심시간, 퇴근 후, 이동시간 등이 있어요. 이 시간을 잘 활용하면 하루 5시간 정도 본업과 멀어져서 나만의 커리어를 쌓거나 재테크에 집중할 수 있습니다.

하루 5시간이 5일 모이면 25시간이니, 이 시간만 잘 써도 남들과 똑같이 출퇴근하면서도 일주일에 거의 하루가 넘는 시간을 더 발전하는 데 사용할 수 있어요. 이렇게 쌓인 시간은 1년에 약 1300시간, 무려 54일 정도나 됩니다. 1년이 365일이 아니라 419일이 되는 거죠. 여기에 주말 시간까지 '나를 위한 시간'으로 잘 활용한다면 시간의 활용도와 발전 속도는 더 차이가 날 수밖에 없어요.

"시간이 정말 빠르다", "세월이 야속해", "한 것도 없는데 벌써 한 살 더 먹었네" 같은 말을 우리 모두 한 번쯤은 해본 적 있죠. 그런데 "시간이 참 넉넉하다"라는 말은 왠지 어색하고 "시간 없어!", "빨리 서둘러!" 같은 말은 너무 익숙하게 느껴집니다. 우리는 왜 이렇게 되었을까요?

사실, 시간에는 두 얼굴이 있습니다. 그리스어에는 '때'를 나타내는 크로노스(Chronos)와 카이로스(Kairos)라는 단어가 있어요. 이것은 그리스 신화에 나오는 시간을 다스리는 신들의 이름이기도 합니다.

'크로노스'는 측정되는 시간 혹은 흘러가는 시간이에요. 휴대폰으로 확인할 수 있는 시간, 모두에게 공평하게 주어지는 일상의 시간, 길이 막혀서 차 안에서 그냥 흘려보내는 시간도 크로노스 시간입니다.

반면 '카이로스'는 물리적 시간이 아닌 심리적 시간이에요. 양보다는 깊이 있는 시간, 기회가 찾아오는 깨달음의 순간, 나에게 깊은 의미와 보람을 느끼게 해주는 시간이죠. 샤워나 산책을 하다가 문득 고민의 실마리를 발견하여 속이 뻥 뚫리는 순간, 평소 만나고 싶었던 사람을 만나거나, 하고 싶었던 경험을 하는, 나에게 의미 있는 시간이 카이로스 시간입니다.

시간의 진정한 가치는, 누구에게나 똑같이 주어진 하루라는 시간을 어떻게 사용하느냐에 따라 삶의 질이 달라지고 인생의 속도도 조절할 수 있다는 데에 있습니다. 같은 24시간이지만, 어떻게 사용하느냐에 따라 10시간처럼 짧게 느껴질 수도 있고, 48시간처럼 길게 활용할 수도 있는 거죠.

시간을 알차게 사용하고, 심리적 시간을 늘리기 위해서는 흘러가는 크로노스 시간을 의미 있는 카이로스 시간으로 바꾸는 노력이 필요해요. 예를 들면 차가 막혀서 가만히 기다리는 크로노스 시간을 그저 흘려보내는 대신, 경제 라디오를 듣거나 소중한 사람에게 안부 전화를 하는 등 나에게 의미 있는 시간으로 바꾼다면 그 순간들이 카이로스 시간이 되겠죠.

흥미로운 점은 카이로스는 기회의 신이기도 한데, 그 생김새가 조금 특이하다는 거예요. 앞머리는 풍성한 미소년이지만, 뒷머리는 하나도 없는 대머리죠. 사람들은 카이로스를 만나면 큰 행운을 얻을 수 있다고 믿었지만 그를 붙잡는 것은 쉬운 일이 아니었어요. 카이로스가 지나친 후에 잡으려고 하면, 뒷머리가 없어서 잡을 수가 없었던 거예요. '기회의 신은 앞머리밖에 없다'는 속담도 여기서 유래한 것입니다.

또한 카이로스는 한 손에 저울을, 다른 손에는 날카로운 칼을 들고 다녔는데, 기회를 붙잡기 위해서는 저울처럼 균형 잡힌 분별력과 칼처럼 날카로운 결단력이 모두 필요하다는 의미이기도 해요. 시간 관리를 잘하다 보면, 우리 앞에 나타나는 카이로스를 제때 알아보고 붙잡을 수 있게 되고, 그렇게 하나하나의 기회를 붙잡다보면 결국 우리가 원하는 일도 이룰 수 있지 않을까요?

심리적 시간, 즉 카이로스의 시간이 많아질수록 시간은 느리게 흐릅니다. 실제로 우리 뇌에는 '시간 세포'가 있어서 특정 순간에 따라서 시간이 빠르게 혹은 느리게 느껴질 수 있어요.

새로운 경험이 줄어들고 반복되는 일상을 살다 보면, 시간 세포가 이 순간을 기억해야 하는 유의미한 순간으로 보지 않고 넘겨버려서 시간도 빠르게 흐르는 것처럼 느껴진다고 해요. 우리가 주어진 시간을 어떻게 활용하느냐에 따라서 그 시간이 길게도, 짧게도 여겨지는 것이죠. 여러분은 뇌에 있는 시간 세포가 기억하고 싶어 할 만큼 새롭고 의미 있는 경험을 자주 하여 심리적 시간을 길게 쓰는 '시간 부자'가 되었으면 좋겠습니다.

나만의 속도로 즐기면서 나아갈 것

재테크도 마찬가지예요. 재테크 공부를 하거나, 부동산 임장 가는 시간들을 단순히 '완료' 도장을 찍기 위해 보내기보다는 그 시간을 어떻게 의미 있게 만들어 가느냐가 더 중요합니다. 지금 여러분이 이 책을 읽는 시간도 분명 소중한 카이로스 시간이 될 거예요.

하지만 처음부터 최대한 많은 자투리 시간을 확보하기 위해 잠까지 줄여가며 무리할 필요는 없어요. 저는 야행성 인간이라 이른 아침보다는 늦은 밤에 더 에너지가 있는 편이에요. 그러다 보니, 미라클 모닝과는 거리가 멀어서 새벽 5시 기상보다는 7시 기상을 선택합니다. 대신 취침시간을 조금 늦추고, 점심시간에 동기들과 수다 떨기보다는 독서나 운동을 하고, 이동시간에 쇼츠, 릴스보다는 필요한 강의를 듣거나 기사를 찾아보는 등 다른 시간들로 그 시간을 추가로 채워 넣는 편이에요. 이렇게 의미 없이 흘러가는 시간들만 제대로 활용해도 충분한 수면 시간을 확보하면서 자기계발을 할 수 있답니다.

여러분도 다양한 패턴을 시도해보고 자신에게 가장 잘 맞는 패턴을 찾아 실천하면 되는데요, 여기서 제가 항상 강조하는 점은 '절대로 처음부터 무리하지 않는 것'이에요.

누구나 처음에는 열정이 넘쳐서 오버페이스를 하기 쉬워요. 그런데 그렇게 무리하게 달리다 보면 결국 번아웃이 오고, 아예 그 분야를 떠나버리는 경우를 많이 봤습니다. 저도 래빗해빛 계정을 만든 몇 년 전만 해도 함께 시작해서 으쌰으쌰 하던 분들이 많았지만 안타깝게도 지금은 그중 95%가 떠나갔답니다.

감사하게도 많은 분들이 저에게 "어떻게 그렇게 꾸준히 할 수 있나요?", "진짜 '꾸준함'의 대명사예요"라고 말해 주시는데요, 저는 그 비결이 '지치지 않고 즐기는 것'이라고 생각해요. 만약 지쳐서 포기해 버린다면, 그동안 쌓아왔던 공든 탑이 한순간에 무너지는 거잖아요.

그래서 저는 항상 과한 열정에 무리해서 계획 세우는 것을 경계하고, 습관이 될 때까지 내가 받아들일 수 있고 부담되지 않는 수준으로 '지속'하려고 많이 노력해요. 중요한 건 단기간에 마법처럼 일

확천금을 노리는 게 아니라, 작은 행동을 꾸준히 이어가는 것이니까요. 물론 어느 정도 습관화가 된 후에는 현실에 안주하기보다 강도나 시간을 늘리고, 다른 분야에 새로운 도전을 하면서 점점 개인의 경험치와 역량을 늘리고 있답니다.

'강한 자가 살아남는 것이 아니라, 살아남는 자가 강한 자다'라는 말이 있잖아요. 이 책을 읽는 여러분도 페이스를 잘 조절하며, 자신만의 속도로 즐기면서 꾸준히 나아갔으면 좋겠습니다.

매일 1%씩 부자 되는 직장인의 현실적인 습관

앞서 우리는 자투리 시간을 잘 활용해야 한다는 것을 알았어요. 그렇다면 그 시간 동안 무엇을 하는 게 좋을까요? 이번 장에서는 아침 9시부터 저녁 6시까지 열심히 일하는 K-직장인을 위해 현실적으로 추천하는 활동을 하나씩 소개할게요.

직주근접의 힘: 하루 2시간이 내 미래를 바꾼다

우선 우리처럼 1분 1초가 소중한 직장인 자기계발러에게 '직장과 집이 가까운 것'은 큰 무기예요. 이건 단순한 편리함을 넘어 삶의 질과 미래 투자에 직결되는 선택이거든요. 회사 기숙사나 회사 근처 원룸, 오피스텔을 선택하면 왕복 2시간 정도 되는 출퇴근 시간을 자기계발 시간으로 활용할 수 있어요. 시간 역시 한정된 자원이기 때문에 내 시간의 가치를 나부터 높게 평가하고 최대한 의미 있게 쓰기 위해 노력해야 합니다.

퇴근하고 집에 오면 저녁 8시인 사람과 6시인 사람, 두 사람의 하루는 겉보기엔 비슷해 보여도, 실제로는 삶의 질이 완전히 달라요. 그 2시간의 차이가 자기계발에 투자할 에너지를 만들어주고 결국 더 나은 미래로 나아가게 해줍니다. 지금 당장은 별 차이가 없을 거 같아도 하루 2시간이 쌓이면 한 달에 60시간, 1년이면 무려 720시간, 거의 한 달치 시간을 더 갖게 되는 셈이죠.

저도 직주근접을 선택해서 하루 2시간을 아끼고, 그 시간을 자기계발에 투자했어요. 강연, 책 집필, 콘텐츠 제작 등 하고 싶던 일들에 도전하면서 자아실현도 하고, 재테크 공부를 통해 월급 외의 수입도 조금씩 늘려가고 있어 참 뿌듯하답니다.

독서: 뻔하지만 가장 쉽고 빠른 길

세계적인 부자들이 매일 30분씩 꾸준히 실천하는 공통된 습관이 있다고 해요. 바로 '독서'입니다. 많은 부자들이 예외 없이 이 습관을 통해 자신을 성장시키고 있죠. 경제분석가 토머스 콜레이

(Thomas Corley)의 《부자의 습관》이라는 책에 따르면, 부자들의 88%가 매일 30분 이상 독서를 한다고 해요.

저 역시 100번 넘게 강조해도 전혀 아깝지 않은 것이 독서예요. 독서는 제가 처음 습관 형성을 시작한 방법이자, 지금의 저를 만든 가장 큰 원천이기 때문이에요.

독서의 힘은 엄청나지만, 아이러니하게도 그 진짜 가치는 직접 경험해본 사람만 알 수 있어요. 확인해보고 싶다면 속는 셈 치고 매일 30분씩 100일만 꾸준히 읽어보세요. 아마 그때쯤이면, 오히려 멈추는 게 더 어려워질지도 모릅니다.

책을 읽어야겠다는 마음이 조금이라도 생겼다면 자기계발, 부동산, 주식 등 관심 있는 분야의 책을 '습관적'으로 읽어보세요. 여기서 중요한 건 '습관'이에요. 세계적인 부자들 역시 독서를 '단기적인 행동'이 아닌 '꾸준한 습관'으로 만드는 것을 강조했어요. 중요한 건 한두 번의 독서가 아니라, 지속적으로 삶에 녹여내는 태도인 거죠.

그럼 책 읽는 습관을 만들려면 어떻게 해야 할까요? 제가 또 래빗 '해빗(습관)'이잖아요. 스티븐 기즈(Stephen Guise)의 《습관의 재발견》이라는 책에 따르면 하나의 습관을 형성하는 데 걸리는 시간은 사람마다 18일에서 254일로 다양하지만, 평균적으로 66일 정도가 걸린다고 해요. 즉, 우리의 뇌는 아주 천천히 움직인다는 거죠. 그래서 습관 형성에 있어서 중요한 것은 지속할 수 있는 '작은 목표'를 세우고 '꾸준히 지속하는 것'에 초점을 맞추는 것입니다.

독서가 중요하다고 해서 유명한 베스트셀러를 골라 갑자기 하루

4시간씩 읽는다고 흥미가 생기진 않아요. '과유불급(過猶不及)'이라는 말처럼, 좋은 것이라도 나에게 맞지 않는 방식으로 무리해서 시도하면 오히려 독서에 대한 거부감만 생기게 됩니다. 처음에는 하루 10분이라도 좋으니, 내 흥미와 리듬에 맞는 책으로 편하게 시작해 보세요. 가랑비에 옷 젖듯 어느새 자연스럽게 독서가 일상이 되는 순간이 찾아올 거예요.

혼자서 습관 만들기가 힘들다면 환경 설정의 힘을 활용하는 것도 아주 좋은 방법이에요. 저 역시 독서습관을 꾸준히 유지하기 위해 '매3독'이라는 독서습관 형성 챌린지를 만들었고, 참여하는 크루원분들과 매일 30분씩 독서하고 인증하는 환경을 조성했거든요. 혼자 할 때보다 함께 응원하고 감시(?)해주는 사람들이 있다는 건 엄청난 힘이 돼요. 지금까지 900일 넘게 하루도 빼놓지 않고 매일 독서를 할 수 있었던 것도 이 챌린지 덕분이라고 해도 과언이 아닐 만큼, 환경 설정의 힘은 엄청나다는 걸 느끼고 있습니다.

그렇게 독서 습관이 자리를 잡고, 관심 있는 분야의 책을 꾸준히 읽다 보면 신기한 현상을 경험하게 됩니다. 서로 다른 책들 속에서 반복되는 이론이나 관점이 보이기 시작하고, 그런 부분들은 자연스럽게 머릿속에 더 깊이 새겨지죠. 그러다 보면 어느 순간, 나도 모르게 책의 저자처럼 생각하고 행동하게 돼요. 평소에는 잘 컨트롤되지 않던 무의식이 조금씩 좋은 방향으로 바뀌어가는 거죠. 이런 흐름이 쌓이면 결국 행동도 달라지고, 하나둘씩 유의미한 변화와 결과들이 나타나기 시작할 거예요.

혹시 "어떤 책부터 읽어야 하지?" 고민이 된다면, 제가 실제로 읽었던 책 중에서 너무 무겁지 않으면서도 재미있는 스토리로 자기계발이나 경제 공부에 입문하기 좋은 책들을 소개할게요. 가볍게 시작해도 괜찮아요. 중요한 건 '시작'이니까요.

《서울 자가에 대기업 다니는 김 부장 이야기 시리즈》 송희구 저
《나의 돈 많은 고등학교 친구》 송희구 저
《아빠의 첫 돈 공부》 박성현 저
《부자의 그릇》 이즈미 마사토 저
《럭키 드로우》 드로우앤드류 저

새로운 장소: 공간이 바꾸는 생각과 행동

독서를 습관화하며 삶을 바꿔나가다 보면, 자연스럽게 '환경'을 바라보는 눈도 달라져요. '내가 있는 공간'이 곧 '내가 어떤 삶을 살고 있는지 보여주는 거울'이라는 걸 깨닫게 되죠.

우리는 보통 익숙한 공간에서 익숙한 사람들과 시간을 보냅니다. 회사, 회식, 퇴근 후 자주 찾는 카페처럼 반복되는 장소들에서 비슷한 일상을 살다 보면, 자연스럽게 '다들 이렇게 사는 거겠지'라는 생각이 들죠.

하지만 진짜 그럴까요? 같은 시간, 누군가는 조용한 독서실에서,

무인 카페에서, 헬스장에서 묵묵히 자신의 미래를 준비하고 있어요. 우리가 그 공간을 '보지 못했기 때문에' 존재하지 않는다고 생각하는 것뿐이에요.

하루만 시간을 내서 평소 가지 않던 공간을 가보세요. 점심시간이나 퇴근 후에 헬스장에 가보면 '이렇게 많은 사람들이 운동을 하고 있었어?' 하고 놀라게 될 거예요. 조용한 도서관이나 독서실에 가면 '이렇게 열심히 공부하는 사람들이 있었구나'라는 걸 새삼 느끼게 되고요.

저는 점심시간에 처음 헬스장에 갔을 때 '쿵' 하고 느꼈어요. 예전에는 점심시간마다 수다를 떨거나 핸드폰만 봤기 때문에 운동하는 사람은 내 세상과 멀다고 생각했거든요. 하지만 막상 운동을 하러 가보니 이미 많은 사람들이 그 공간에서 자신을 단련하고 있었어요.

공간이 바뀌면, 자연스럽게 만나는 사람도 바뀌고 그들이 주는 자극도 달라져요. 나도 모르게 '나도 조금 더 잘해봐야지' 하는 마음이 생기고, 익숙한 곳에서는 결코 얻을 수 없는 동기부여가 낯선 공간에서는 불쑥 찾아오기도 합니다.

이처럼 '공간'은 단순한 배경이 아니에요. 때로는 생각과 태도를 바꾸는 가장 강력한 도구가 되기도 합니다. 뭔가 자극이 필요할 때, 새로운 습관을 만들고 싶을 때, 새로운 공간에 나를 데려가 보세요. 의외로 큰 변화는 그 작은 공간 이동에서 시작될지도 몰라요.

운동: 육체적, 정신적 체력 레벨업

독서가 어느 정도 습관이 되었다면 다음으로 운동 습관을 만들어보는 것을 추천해요. 늘 강조하지만 습관은 꾸준함이 핵심이기 때문에 내가 오랫동안 지속할 수 있는 수준을 정하는 것이 중요해요.

솔직히 고백하자면, 저는 예전에 체중 강박이 심한 다이어터였어요. 오죽했으면 식이장애까지 겪었을 정도였죠. 최대한 단기간에 살을 빼고 싶다는 욕심이 크다보니 무작정 굶거나 하루에 3시간씩 무리해서 운동을 하기도 했어요. 그렇게 며칠 동안은 2~3kg 정도가 빠지기도 했지만, 목표를 이루고 나면 보상 심리로 폭식을 하게 됐고, 그에 대한 죄책감으로 일부러 토를 하기도 했어요. 그렇게 반복하다 보니, 나중에는 위도 안 좋아져서 음식을 먹기만 해도 반사적으로 토하게 되는 지경까지 이르게 되었죠. 뭘 먹기만 하면 변기로 가서 토를 하는 제 자신을 보면서 이때 확실히 느꼈던 것 같아요.

'무언가를 이루려면 단기간에 무리하는 것이 아니라, 지속 가능한 수준으로 꾸준히 해야 하는구나. 그래야 건강한 목표 달성이 가능하구나.'

마라톤 풀코스를 처음부터 전력 질주하는 사람이 1등으로 들어오는 경우가 없는 것처럼요.

따라서 운동 습관을 처음 만들 때는 주 1~2회를 추천해요. 저는 주 2회 1시간씩 점심시간에 회사 헬스장에 가는 것으로 시작해 어느덧 2년째 꾸준히 운동 습관을 이어오고 있습니다. 이 습관 덕분에 억지로 참으면서 식이 조절을 하지 않아도 자연스럽게 체중 조절이 되고, 체력이 점점 좋아지는 것이 몸으로 느껴져요. 예전보다 훨씬 강도 높은 운동도 무리 없이 소화할 수 있게 되었고요.

특히 여건이 되는 직장인에게 점심시간 운동을 강력 추천하는데요, 건강한 도파민 덕분에 오후에 집중도 더 잘되고 퇴근길에도 기분이 한층 가벼워지거든요. 저도 처음엔 '점심에 운동하고 나면 피곤하지 않을까' 걱정했는데, 오히려 개운하고 뿌듯한 마음에 오후 업무 효율이 훨씬 높아지더라고요. 역시 이래서 직접 해봐야 깨닫나 봐요 :)

물론 아직도 가끔은 '아, 오늘은 운동하기 싫다'는 생각이 들 때가 있어요. 하지만 나 자신과 약속한 루틴을 지키기 위해 발걸음을 옮겨서 땀을 흘리고 샤워하고 나면 가기 전 생각은 온데간데없고 뿌듯함만 남더라고요. 운동하고 있는 사람들을 보면서 자극을 받고 함께 앞으로 나아가는 느낌을 받기도 하고요.

사실 매일 퇴근 후에 쉬지 않고 '나의 것'을 한다는 것이 쉬운 일은 아니잖아요. 분명 그 과정에서 쉬고 싶고 놀고 싶은 유혹도 많고 지치는 순간이 있지만, 운동으로 이런 순간들을 많이 극복하고 앞으로 나아가고 있어요. 운동은 단연, 육체와 정신을 동시에 성장시키는 최고의 습관이에요. 이 일석이조(一石二鳥)의 습관을 시작하지 않을 이유가 없겠죠?

커뮤니티와 강의: 사람들과 함께해서 올라가는 시너지

무엇이든 혼자 하면 아무리 의지가 강한 사람이라도 흔들리기 마련이죠. 이럴 땐 커뮤니티의 힘을 빌려보는 것도 좋은 방법이에요. 나와 비슷한 목표를 가진 사람들과 함께하면 자연스럽게 자극을 주고받으며 시너지 효과를 낼 수 있거든요.

저는 평소 다양한 오프라인 모임에 참여하고, 강의도 종종 결제해서 듣는 편인데요, 이런 곳에 쓰는 돈은 정말 하나도 아깝지 않아요. 내가 가고자 하는 길을 이미 걸어본 스승에게 직접 배우는 것만큼 효율적인 투자가 없거든요.

예를 들어 저는 예전에 부동산 경매에 대한 실전 지식을 익히고 싶어서 경매스터디에 적지 않은 돈을 내고 참여한 적이 있어요. 큰맘 먹고 낸 돈을 헛되이 하고 싶지 않아서 정말 열심히 참여하게 되더라고요. 그 과정에서 책만으로는 알기 어려운 실전 노하우를 많이 배울 수 있었고, 경매 낙찰에도 성공해 부동산 투자를 할 수 있었어요. 결과적으로 스터디 비용보다 훨씬 큰 수익을 낼 수 있었죠.

그렇다고 해서 아무 커뮤니티에 들어가거나, 아무 강의나 듣는 건 절대 금물이에요. 내 생각과 방향성에 잘 맞는 그룹인지 꼼꼼히 따져보고 선택해야 합니다. 좋은 커뮤니티와 강사를 선택하는 저만의 팁을 소개할게요.

좋은 커뮤니티와 강사 고르는 팁

1. 커뮤니티 장이나 강사가 주장하는 내용들을 실제로 자신의 삶에 적용하고 있는가?
2. 숫자와 이론뿐 아니라, 실제 경험과 실천 기록이 함께 있는가?
3. 해당 분야에서 현재도 활발하게 활동하면서 실질적인 경험과 인사이트를 쌓고 있는가?

이런 기준으로 선별하면 시간과 돈을 훨씬 더 가치 있게 쓸 수 있어요. 공부든 투자든, 누구와 함께하느냐에 따라 결과는 달라지니까요.

SNS: 나를 알리고 기록하는 가장 효율적인 방법

SNS는 요즘 시대에 나를 알리고 기록하는 가장 효율적인 방법인 것 같아요. 지금 여러분이 걸어가고 있는 발자취를 SNS에 공유해 보는 건 어떨까요?

거창할 필요는 전혀 없어요. 지금 이 책을 읽는 모습, 책을 읽으며 떠오른 생각, 요즘 마음에 드는 문장, 나의 다짐, 운동 인증 등 어떤 것이든 좋아요. 이렇게 쌓인 작은 기록들이 시간이 지나면 모두 소중한 나의 스토리가 되고, 그 스토리에 공감하는 사람들이 하나둘 모이기 시작합니다. 그들과 나누는 대화 속에서 뜻밖의 배움과

위로, 새로운 기회들이 자연스럽게 생겨나기도 하고요. 제 곁에 여러분이 있는 것처럼 래빗해빛도 이렇게 시작되었어요.

지금 이 책을 읽는 이 순간을 인스타 스토리에 남겨보세요. 저를 태그해 주셔도 좋아요. 일단 저라는 친구는 확보하신 겁니다!

 **Q. 쉽게 정리되어 있는 유튜브 영상도 많은데 굳이 왜 '책'을 읽어야 하나요?**

정말 좋은 질문이에요. 요즘 유튜브에는 간단하게 핵심만 정리된 콘텐츠들이 넘쳐나죠. 저도 자주 활용하고요.

하지만 책에는 뉴스나 기사보다 훨씬 친절하게 이론과 사례, 예시까지 담겨 있는 경우가 많아요. 그래서 경제를 이해하거나 마음을 다잡을 때 책이 훨씬 깊고 오래 남는 자극을 줄 수 있어요. 유튜브에 재미와 속도가 있다면, 책에는 깊이와 지속력이 있습니다.

또 책을 통해 얻는 정보는 유튜브나 블로그처럼 다른 사람의 주관이 들어간 콘텐츠와는 달리, 내가 직접 내용을 이해하고 판단하는 과정을 거치게 돼요. 그래서 스스로 올바른 가치관을 정립하는 데 훨씬 더 효과적인 수단이 되죠. 그리고 요즘 현대인들이 가장 빠르게 잃어가고 있는 '문해력'을 자연스럽게 키울 수 있다는 건 덤이고요.

05

월급만으로는 부족해! 나에게 맞는 부업 찾기

혹시 이런 생각해본 적 있나요?

'월급으로 언제 돈 모아서 내 집 마련하지?'

'물가는 자꾸 오르는데 월급은 그대로인 것 같아.'

'한 달 꼬박 일했는데 통장 잔고 보면 허무해.'

맞아요. 열심히 일해서 월급을 받아도, 숨만 쉬어도 나가는 돈들 때문에 통장에 돈이 차곡차곡 쌓이는 느낌이 들지 않을 때가 많죠. 솔직히 월급만으로는 원하는 만큼의 자산을 만들거나 경제적 자유를 이루기까지 너무 오랜 시간이 걸릴 것 같다는 막막함도 있고요.

그런 고민, 여러분만 하는 게 아니랍니다. 최근 우리나라 직장인 10명 중 무려 8명 가까이가 월급만으로는 부족함을 느껴 부업을 하고 있거나, 진지하게 고민하고 있다고 해요. 실제로 부업으로 월 100만 원 이상 버는 분들도 점점 많아지고 있다고 합니다.

이렇듯 '플러스 알파' 소득에 대한 관심은 이제 선택이 아니라 필수에 가까워지고 있는 것 같아요. 하지만 무작정 부업을 시작하기 전에 우리가 꼭 알아야 할 현실적인 부분도 있습니다. 많은 회사들이 내부 규정이나 근로계약서에 '겸업 금지 조항'을 두고 있는 경우가 있거든요. 물론 모든 부업이 문제 되는 건 아니지만, 본업에 지장을 주거나 회사에 손해를 입히는 경우에는 문제가 생길 수도 있으니 이 점은 염두에 두셔야 해요.

그래서 여기에서는 어떤 부업이 좋다 나쁘다를 이야기하기보다 '나에게 맞는 부업을 어떻게 찾고, 그것을 어떻게 재테크로 연결할 수 있을까?'에 초점을 맞춰서 제가 직접 겪은 시행착오와 그 과정에서 배운 것들을 나누고자 합니다.

좌충우돌 부업을 통해 얻은 핵심 인사이트

저도 처음엔 월급 외 소득을 만들고 싶다는 마음에 다양한 부업에 관심을 가졌어요. "이게 돈이 된다더라"는 말만 들으면 귀가 솔깃했고, 실제로 도전도 많이 해봤죠.

초반에는 단순히 '시간을 투입하면 바로 돈이 되는 일'에만 집중했어요. 예를 들면 '배달 알바'나 '탕후루 팔기' 같은 것들이요. 직접 해보니 신기하게도 돈은 생겼어요. 하지만 몸은 힘들고 수입은 생각보다 크지 않았어요. '시간 대비 효율이 너무 낮다'는 걸 금방 깨달았죠.

이런 종류의 부업은 시간과 소액의 돈을 맞바꾸는 형태인데, 계속 하다 보니 장기적으로는 제 시간 가치를 스스로 깎아내리는 일이라는 생각이 들더라고요. 물론 한두 번의 경험은 세상 물정을 배우는 데 나름의 의미가 있었지만, 지속 가능한 일은 아니었어요. 이게 바로 '시간을 갈아 넣는 부업'의 함정입니다.

이런 시행착오를 거치면서 느낀 건, 사람마다 성향이나 강점에 따라 잘 맞는 부업이 따로 있다는 거였어요. 어떤 사람은 차분히 글 쓰는 걸 좋아해서 블로그, 티스토리, 브런치 같은 글쓰기 기반의 부업이 잘 맞을 수 있고, 또 어떤 사람은 사진이나 짧은 영상 만드는 걸 즐겨서 인스타그램 같은 숏폼(short-form) 기반의 부업이 잘 맞을 수도 있어요. 저처럼 정보를 전달하는 걸 좋아하는 사람은 유튜브 같은 미드폼(mid-form) 영상 기반이 잘 맞을 수 있고요.

저도 처음에는 블로그, 인스타그램, 배달 알바, 탕후루 판매 등 정말 별걸 다 해봤어요. 심지어 앱 개발을 위한 강의를 듣고 밤을 새워가며 코딩에 도전해보기도 했죠. 그런데 시간과 노력이 여러 곳으로 분산되다 보니 어느 하나에서도 확실한 성과가 나오지 않더라고요. '이것도 애매하고, 저것도 애매하다'는 답답한 느낌만 남았습니다.

그때 비로소 저 스스로에게 물어봤어요.

'나는 뭘 할 때 가장 몰입하고 즐거웠지?'

문득 '내가 사람들 앞에서 이야기를 하고 내용을 쉽게 전달하는 데 강점이 있었지!' 하고 떠올랐어요. 그래서 여러 시행착오 끝에 유튜브 채널을 시작하게 된 거예요. 처음엔 서툴렀지만, 꾸준히 하다 보니 이게 저에게 딱 맞는 옷 같다는 느낌이 들어요. 제가 회사에서 하는 업무도 기획이다 보니, 유튜브 콘텐츠를 기획하고 촬영하고 편집하는 과정이 오히려 본업에도 시너지를 주는 선순환이 만들어지기도 하고요.

이렇게 여러 부업을 직접 해보며 시행착오를 겪고, 저에게 맞는 일을 찾아 꾸준히 이어가면서 저는 몇 가지 중요한 인사이트를 얻게 되었어요. 그 깨달음을 나누어 볼게요.

첫째, '시간을 갈아 넣는 부업'에서 벗어나야 한다.

단순히 내 몸과 시간을 갈아 넣는 형태의 부업은 장기적으로 봤을 때 효율이 낮아 번아웃만 가져올 가능성이 큽니다. 물론 경험 삼아 해보는 것은 괜찮지만, 지속적으로 이어 가기에는 내 시간의 가치를 제대로 인정받기 어려워 몸도 마음도 지칠 수 있습니다.

둘째, 부업은 '성장'과 연결될 때 시너지가 난다.

부업을 단순히 돈 버는 수단으로만 생각하지 말고, 내 본업의 전문성을 살리거나 새로운 기술이나 경험을 쌓는 기회로 삼아보세요. 제가 유튜브를 하면서 기획 능력과 소통 능력이 더 좋아진 것처럼요! 이렇게 부업이 나의 '성장'과 연결될 때 그 경험이 쌓여서 더 큰 소득으로 이어지거나 예상치 못한 새로운 기회를 가져다주기도 한답니다.

셋째, 유행보다 '나에게 맞는 일'이 중요하다.

남들이 한다고 무작정 따라 하기보다는 하루 중 부업에 투자할 수 있는 시간이 얼마나 되는지 체크하고, 자신의 '흥미와 강점' 나아가 '나의 최종 재테크 목표'와 연결되는 부업을 찾는 것이 중요해요. '어떤 부업이 돈이 잘 벌릴까?'보다는 '어떤 부업이 나에게 맞고, 나를 꾸준히 성장시켜줄 수 있을까?'에 초점을 맞춰야 지치지 않고 오랫동안 할 수 있습니다.

현실적인 부업 시작 A to Z

'나에게 맞는 부업'을 찾고, 실제로 시작하기 위해서는 어떤 단계를 거치면 좋을까요?

STEP 1 나 돌아보기

가장 먼저 나 자신을 솔직하게 들여다보는 시간을 가져보세요. '나는 뭘 잘하지?', '어떤 일에 흥미를 느끼지?', '하루 동안 부업에 얼마나 시간을 쓸 수 있을까?' 이런 질문들에 답해보는 거예요. 종이에 적어보면 더 좋습니다. 생각이 구체화되고, 실천으로 이어질 가능성이 훨씬 커지거든요.

STEP 2 구체적인 목표 설정

부업을 통해 얻고 싶은 것이 무엇인지 명확하게 정하세요. '한 달에 얼마를 더 벌고 싶다', '이 돈으로 투자할 수 있는 종잣돈을 만들겠다', '이 부업을 통해 본업의 업무 역량을 더 향상시키고 싶다' 등 구체적이고 선명한 목표가 있어야 흔들리지 않고 나아갈 수 있어요.

STEP 3 아이디어 탐색 및 작게 검증

나의 강점과 목표를 바탕으로 몇 가지 부업 아이디어를 떠올려 보세요. 그리고 그 아이디어가 나에게 정말 맞을지, 실제로 가능한 일인지 작게 테스트해보는 거예요. 예를 들어 글쓰기 부업이 하고 싶다면, 거창하게 시작하기보다 짧은 글을 써서 친구에게 보여주고 피드백을 받아보거나, 블로그에 글을 몇 개 올려보는 식으로요. 세상에는 무자본으로 가능하거나, 소액으로 시작해볼 수 있는 부업이 많답니다.

STEP 4 본업과 현명하게 병행하기

부업은 어디까지나 '플러스 알파' 소득을 위한 것이어야 해요. 본업에 지장을 주면서까지 무리하게 하지 않는 게 좋아요. 퇴근 후

나 주말 시간을 어떻게 효율적으로 쓸지 계획을 세우고, 회사에 피해를 주거나 문제가 될 만한 행동은 하지 않는 선에서 현명하게 병행하는 지혜가 필요해요.

이것만은 조심하자!

요즘은 부업을 빌미로 사람들을 현혹하는 사례도 많아요. 너무 쉽게 고수익을 보장한다는 말에는 절대 흔들리지 마시고, 쉬운 돈은 없다는 걸 꼭 명심하세요.

또 욕심내서 여러 개의 부업을 동시에 시작하면 시간은 분산되고 에너지가 고갈되어 성과가 없을 수도 있어요. 욕심보다 지속성이 중요하다는 점을 꼭 기억하세요.

추가로, 부업으로 생긴 수입은 세금 문제도 챙겨야 해요. 연말정산이나 종합소득세 신고 시 생각보다 복잡해질 수 있으니 간단한 소득이더라도 미리미리 세금 처리 정보를 확인해두면 좋습니다.

부업 소득, 어떻게 활용할까?

힘들게 번 돈을 그냥 생활비로 다 써버린다면 우리가 부업을 시작한 이유가 사라지겠죠? 부업으로 번 돈은 '종잣돈'으로 활용하겠다는 목표를 잊지 말고, 소비로 이어지지 않도록 최대한 따로 관리하세요. 부업 소득은 특히 더 투자금이나 비상금처럼 자산을 차곡차곡 불려나가는 데 사용해야 합니다. 그래야 월급만으로는 부족했던 나의 재테크 속도에 날개를 달아줄 수 있어요.

부업은 단순히 돈을 더 버는 것을 넘어, 나 자신의 새로운 가능성을 발견하고 성장의 발판으로 삼을 수 있는 멋진 기회입니다. 너무 조급해하지 말고, 나에게 맞는 속도로 꾸준히 나아가다 보면 분명 좋은 결과가 있을 거예요.

성향별, 상황별 추천 부업

부업을 시작할 때 이런 고민을 많이 합니다.
"나처럼 평범한 사람도 할 수 있을까?"
"팔로워도 없고, 자본도 없는데 어떻게 시작하지?"
하지만 괜찮아요. 처음부터 잘할 필요 없고, 거창할 필요도 없어요. 중요한 건 '나에게 맞는 방식으로 작게 시작해보는 용기'랍니다. 당장 팔로워가 없더라도, 자본이 많지 않더라도 조금씩 시도해볼 수 있는 부업들을 성향과 상황별로 정리해 보았습니다. 먼저 '성향별' 추천하는 부업을 소개합니다.

글쓰기를 좋아하는 사람
조용히 생각을 정리하며 이야기 풀어내는 걸 좋아한다면?
추천 부업: 블로그 포스팅, 브런치 연재, 전자책 제작, 크몽 글쓰기 대행
현실 팁: 브런치나 블로그는 시작 비용이 없어요. 글이 쌓이면 수

익형 블로그로 발전시킬 수 있고, 글 기반의 인플루언서로 성장할 수도 있어요.

꼼꼼하고 자료 찾는 걸 잘하는 사람

비교·정리·구매를 잘하고 좋아한다면?

추천 부업: 해외 구매대행, 스마트스토어(소싱형), 쿠팡 위탁판매

현실 팁: 재고 없이 시작하는 위탁판매나 구매대행은 소자본으로도 가능해요. 검색력과 꼼꼼함이 가장 큰 무기가 될 수 있어요. 관련 클래스를 수강하며 따라 해보는 것도 추천해요. 제 남자친구도 실제로 꾸준히 하고 있는 부업인데, 시스템이 안정된 이후에는 퇴근 후 1시간 정도만 투자하면 월에 꾸준히 50~100만 원은 만들 수 있더라고요.

말하기와 설명을 잘하는 사람

내가 좋아하는 분야에 대해 잘 알고, 이걸 정리해서 설명하는 걸 좋아한다면?

추천 부업: 유튜브(미드폼), 온오프라인 강의

현실 팁: 초반엔 조회수가 없어도 괜찮아요. 짧은 영상 하나를 10명만 봐도, 그게 나의 첫 청중이에요. 반응이 점차 생기면 그걸 발판 삼아 오프라인 강의, 온라인 플랫폼 강의로도 확장할 수 있어요. 이건 저의 사례라고 볼 수 있는 부업이랍니다.

무언가 만드는 걸 좋아하거나 손재주가 있는 사람
DIY, 그림, 굿즈, 디자인에 관심 있다면?
추천 부업: 이모티콘, 인스타툰 제작, 스마트스토어(핸드메이드), 아이디어스 입점, 크몽 재능마켓 이용
현실 팁: 손재주만 있다면 이모티콘이나 인스타툰 제작, 로고 디자인을 무자본으로 시작해볼 수 있어요. 처음에는 지인들에게 먼저 보여주고 피드백을 받는 것도 좋은 방법이고, 강의를 들으며 찬찬히 시작해보는 것을 추천해요.

다음은 '상황별' 추천하는 부업입니다.

자본금은 적고 대여해줄 수 있는 공간이 있는 경우
내 집을 일부라도 비워줄 수 있다면?
추천 부업: 에어비앤비, 삼삼엠투 등 공간임대 사업
현실 팁: 내 공간의 일부로 수익을 낼 수 있는 부업이에요. 자주 안 쓰는 방, 주말에 비는 공간이 있다면 수익으로 바꿔볼 수 있어요. 단, 내가 임차인이라면 집주인에게 '전대동의'를 받아야 합니다.

자본금이 좀 있는 경우
초기 투자금이 있다면?
추천 부업: 에어비앤비, 삼삼엠투, 파티룸 등 공간임대 사업, 무인

아이스크림 점포
현실 팁: 자본이 있다면 공간을 활용한 부업에 도전해보는 것도 좋은 선택이 될 수 있습니다. 예를 들어 새로운 공간을 매매/임대해서 에어비앤비나 삼삼엠투, 파티룸 사업을 운영하는 방법과, 상가를 매매/임대해 무인 아이스크림 점포처럼 무인 매장을 운영하는 방법도 있어요. 이 경우에는 보증금과 인테리어 비용 등 초기 투자금이 필요하긴 하지만, 한번 세팅해두면 운영에 많은 시간을 들이지 않아도 되는 '반자동형' 부업이 되기 때문에 일정 수준의 자본과 시간을 투자할 수 있는 분께 추천해요. 제가 요즘 새롭게 도전해보고 있는 분야랍니다.

낮에는 회사 업무로 바쁘고, 저녁에는 체력이 부족한 경우
퇴근 후 쉬고 싶지만, 부수입도 원한다면?
추천 부업: 앱테크, 포인트 앱·설문 조사, AI 콘텐츠 자동화 도구 활용
현실 팁: 수익은 작아도 '루틴'을 만들기에 좋아요. 쉬면서도 소소하게 돈이 들어오는 재미가 있죠. 저도 앱테크를 틈틈이, 꾸준히 하고 있어요.

내 상황과 성향을 잘 파악하고, 맞춤형 부업으로 작게 시작해 보세요. 꼭 유명해져야만, 영향력이 있어야만 수익이 나는 건 아니에요. 부업의 본질은 '내 시간과 에너지를 어떻게 똑똑하게 쓰느냐'에

달려 있거든요. 지금의 나로도 충분히 시작할 수 있고, 그 작은 시작이 미래의 가능성을 열어줄 거예요.

혼자 시작하기 어렵다면 다양한 강의를 활용해서 지식을 쌓는 것도 추천해요. 요즘은 무료 강의도 많고, 부담 없는 가격의 알찬 강의들도 잘 찾아보면 많이 있을 거예요.

 부업 시작 전, 이것만은 꼭 체크하세요!

Q. 부업을 하면서 회사 기밀이나 중요한 정보가 유출될 가능성은 없을까?
이 부분은 정말 조심해야 합니다.

Q. 내가 하려는 부업이 회사와 직접 경쟁하는 분야는 아닐까?
예를 들어 회사에서 마케팅 업무를 하는데, 같은 분야의 마케팅 대행 부업을 하는 경우 업무 영역이 겹쳐서 문제가 생길 수 있어요.

Q. 부업이 본업에 지장을 주지 않을까?
부업 때문에 본업에 집중해야 할 시간에 업무 집중도가 떨어지지 않는지 점검해 보세요.

이 질문들에 '전혀 문제없어!'라고 자신 있게 답할 수 있다면 일단 안심하셔도 좋아요.

조금 더 확실하게 하고 싶다면?

가장 확실한 방법은 '겸업에 대한 내용이 명시되어 있는지' 회사의 내부 규정이나 근로계약서를 한 번 더 꼼꼼하게 읽어보거나, 사내 담당 부서에 직접 문의해보는 것입니다.

겸업금지조항이 없는 회사도 있고, 사내에 겸직 허가 신청이 가능해서 정식 허가를 받고 겸업이 가능하기도 하니 너무 겁먹을 필요는 없어요. 미리 확인하고 준비하면, 부업을 통해 월급 외 수입도 만들고 내 성장도 챙기면서 회사 생활도 안정적으로 유지할 수 있을 거예요. 우리 모두 현명하게 부업해서 부자가 됩시다!

#3 부자 되는 거, 생각보다 별거 없네?

4장
돈이 2배속으로 모이는 통장 세팅법

01

기본 중의 기본
·예적금 통장·

　4장에서는 금융문맹이었던 제 동생을 위해 현재 적용하고 있는 방법을 소개하려고 합니다. 직접 경험해보니 그 효과가 정말 놀랍고도 분명했어요. 처음에는 돈에 대한 개념이 전혀 없었지만, 이 방법들을 알려주고 실천하게 한 뒤로는 스스로 절약하고 저축하는 것은 물론, 이제는 저에게 투자 인사이트까지 물어볼 정도로 달라졌습니다. 솔직히 말씀드리면 과거 23살의 저보다 나은 수준이에요.

　이런 걸 보면서 문득, 제가 23살 때 이런 방법들을 알려줄 수 있는 사람이 곁에 있었다면 얼마나 좋았을까 하는 생각이 들더라고요. 그리고 용돈을 주면 하루 만에 다 써버리던 동생이 이렇게 변화하는 모습을 보니 뿌듯하고 신기했어요.

지금부터 제가 동생에게 개설해준 계좌들을 소개할게요. 신규 계좌는 20일 간격으로 하나씩만 만들 수 있으니, 순서대로 따라오다 보면 어느새 금융생활의 기본 틀이 잡혀 있을 거예요.

본격적으로 투자를 시작하기 전이라면, 예적금 통장을 활용해서 지출을 통제하고 저축을 습관화하는 방법이 좋습니다. 저는 안정적으로 투자를 하기 위해서는 어느 정도 현금 보유가 필요하다고 생각해서 월수입의 10배 정도는 이율이 높은 특판 예금에 넣어두고 있어요. 또한 평소에 적금 상품에도 관심을 갖고 있다가 고금리 적금이 출시되면 한두 개 정도 들어서 현금성 안전자산을 고금리로 확보해두고 있습니다.

그런데 생각보다 예금과 적금의 차이에 대해서 모르거나, 차이를 따져보지 않고 상품에 가입하는 경우도 흔하더라고요. 하지만 걱정하지 마세요, 이 장을 읽고 나면 예금과 적금의 차이를 넘어 다양한 금융상품에 대해서 이해하게 될 거예요. 소중한 내 돈을 투자할 때는 제대로 알고 시작하는 것이 현명한 선택이겠죠?

우선 예금과 적금의 차이는 불입 방식인데요, '예금'은 1200만 원의 목돈을 '한 번에' 맡기고 1년 뒤에 1200만 원의 원금과 은행에서 약속한 이자를 받는 방식이에요.

반면 '적금'은 한 달에 100만 원씩 '차곡차곡' 입금을 해서 1년 뒤에 1200만 원을 모으고, 만기 시 원금과 이자를 받는 방식이에요. 즉 한 번에 큰돈을 맡기는 것이 '예금', 매달 일정 금액을 모아가는 것이 '적금'입니다.

그러면 각 방식에 따른 이자를 비교해볼까요? 연이율 4%의 '예금'에 1200만 원을 예치해두면, 1년 후엔 원금 1200만 원에 이자 40만 6080원을 받을 수 있어요. 반면, 연이율 4% '적금'에 매달 100만 원씩 1년간 넣는다면 총 1200만 원을 납입하게 되고, 받을 수 있는 이자는 21만 9960원이에요.

꽤 차이가 나죠? 그 이유는 간단해요. 예금은 1200만 원이 처음부터 '전원 풀타임'으로 일하러 나가는 반면, 적금은 매달 100만 원씩 '신입 용병을 투입'하는 구조라서 처음엔 일하는 돈이 적어요. 그러다 보니 이자도 적게 발생하는 거죠.

다음 그래프를 보면 이해하기 쉬워요. 연한 노란색 면적이 받을 수 있는 이자라고 생각하면 되는데요, 예금은 처음부터 전액이 일해서 넓은 면적(많은 이자)을 만들고, 적금은 매달 쌓이다 보니 삼각형처럼 좁은 면적이 생기는 거예요.

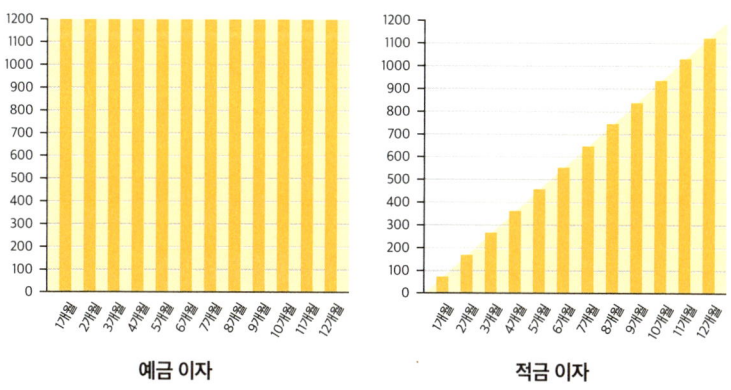

예금 이자 / 적금 이자

단순히 면적을 비교해보면, 같은 금리일 때 예금의 이자가 적금보다 약 2배 정도 많아져요. '그럼 적금 말고 예금만 들면 되는 거 아니야?' 싶을 수 있지만, 이런 구조 때문에 실제로는 적금 금리를 더 높게 책정해요. 예를 들어 시중 예금 금리가 평균 3%라면, 적금 금리는 5~6%까지도 올라가요. 전체 이자 면적이 비슷해지도록 조정하는 거죠. 이런 구조를 알고 나면, 앞으로 예금과 적금 금리를 볼 때 '아, 그래서 적금 금리가 더 높구나!' 하고 쉽게 이해될 거예요.

이자는 '이자계산기'를 통해 쉽게 계산해 볼 수 있는데요, 네이버에 '이자계산기'라고 검색해서 상품별로 예치금액, 기간, 연이율을 설정하면 조건에 맞게 받을 수 있는 이자를 확인할 수 있답니다.

네이버 이자계산기

어떤 상품이 이자를 더 많이 주는지 미리 비교해보는 건 작지만 정말 현명한 습관입니다. 하지만 예금과 적금은 단순히 이자만 보고 선택할 상품은 아니에요. 내가 가지고 있는 자금의 성격과 지금 상황에 따라 선택이 달라져야 하는 '금융 도구'예요.

목돈이 어느 정도 있고 이 돈을 당분간 사용할 예정이 없다면 '예금', 매월 월급의 일부를 저축하는 습관을 만들거나 목돈 형성을 위해 꾸준한 저축이 필요한 상황이라면 '적금'을 추천할게요. 이렇게 차근차근 시작하다 보면, 어느새 든든한 안전자산을 만들 수 있을 거예요.

자주 하는 질문

Q. 2금융권 상품은 리스크가 있지 않나요?

먼저 1금융권과 2금융권의 차이부터 간단히 설명할게요. 1금융권은 흔히 알고 있는 시중은행(국민, 신한, 우리, 하나 등)으로, 신뢰도와 안정성이 높은 편이에요. 반면, 2금융권은 신협, 새마을금고, 농협 단위조합, 저축은행 등으로, 규모는 작지만 상대적으로 금리가 높은 상품들이 많아요.

그래서 많은 분들이 '이율은 높은데, 안전한 건가?'라는 고민을 하는데요, 맞아요. 일반적으로는 1금융권보다 2금융권의 리스크가 조금 더 있는 편이에요. 하지만 안정적으로 잘 활용할 수 있는 방법은 있어요.

예를 들어 신협, 새마을금고, 농협 등 단위조합 같은 곳은 지점별로 독립적으로 운영되는 구조예요. 즉, 한 지점이 어려움을 겪는다고 해서 다른 지점까지 영향을 받는 건 아니라는 거죠.

저는 이 구조를 활용해서 투자하고 있어요. 제가 다니는 회사 내에 있는 새마을금고는 회사 직원들을 대상으로 한 지점이라서 '우리 회사가 망하지 않는 이상 여기도 안전하겠지' 하는 신뢰가 있거든요. 그래서 예금 특판 상품은 항상 회사 내 새마을금고를 이용하고 있어요. 금리는 높고, 회사 기반이라 어느 정도 안정성도 확보되기 때문이죠.

그래도 불안하다면, 예금자보호 한도 이내로만 가입하는 것을 추천해요. 예금자보호 범위 내에서는 금융회사가 문을 닫더라도 '예금자 보호법'에 따라 원금과 이자를 보장받을 수 있으니까요.

02

돈이 돈을 버는 구조 세팅 ·파킹 통장·

처음 재테크를 시작할 때 '이자의 맛'을 느껴보고 금융에 대한 관심을 높이는 데 딱 좋은 게 있어요. 바로 파킹 통장과 CMA 통장이에요. 이 통장들은 구조가 간단하고 개설이나 입출금도 자유로워서 부담 없이 시작할 수 있는 도구랍니다.

'파킹 통장'은 말 그대로 주차(parking)하듯 돈을 잠시 넣어두고 필요할 때 언제든 꺼내 쓸 수 있는 통장이에요. 일반적인 은행 입출금 통장의 금리가 0.1% 정도인데 비해 파킹 통장은 2~7%까지도 가능하니까 이자 차이가 수십 배 정도로 꽤 크죠.

월급을 받은 뒤 우리의 현금 흐름을 한 번 살펴볼게요. 신나는 월급날, 입금의 기쁨도 잠시뿐입니다. 월급이 들어오자마자 카드대금과 각종 고정비가 월급 통장을 스치듯이 빠져나가요. 그 후 얼마 남지 않은 돈은 그대로 통장에 남겨 두고, 필요할 때마다 연결된 체크카드를 사용하거나 별도의 신용카드로 결제해요. 사용한 신용카드값은 다음 월급날에 고스란히 빠져나갑니다.

너무 자연스럽고 손이 덜 가는 방식이라 저도 한때는 이렇게 관리했었어요. 하지만 여기에 '파킹 통장'을 하나만 더해보면 어떨까요? 월급 통장에 남은 금액을 파킹 통장으로 이체하는 1분의 수고가 만으로도 2가지 긍정적인 효과를 만들거든요.

첫째, 같은 돈으로 수십 배의 이자를 받을 수 있어요.

예를 들어 100만 원을 금리 0.1%의 입출금 통장에 그냥 두면 1년에 받을 수 있는 이자는 고작 846원이에요. 반면, 같은 돈을 3%의 금리를 주는 파킹 통장으로 옮겨 둔다면 25,380원의 이자를 받게 되죠. 100만 원이라는 금액으로 예시를 들었지만, 매달 남는 돈을 차곡차곡 입금해서 금액이 더 커진다면, 그 차이는 훨씬 더 벌어질 거예요.

둘째, 소비를 자연스럽게 줄이게 돼요.

체크카드와 연동된 월급 통장에 돈을 그대로 두지 않고 파킹 통장으로 옮겨두면, 결제를 하기 전에 파킹 통장에서 월급 통장으로 이체하는 단계를 거치게 돼요. 이 과정이 한 번 더 생각할 시간을 주면서 '이게 정말 필요한 소비인가?'를 점검하게 해줍니다. 귀찮음을 일부러 만들어두는 거예요. 이게 생각보다 강력한 소비 제어 장치가 되거든요. 게다가 '이 돈을 그대로 놔두면 다음 달에 이자가 더 붙을 거야'라는 생각도 소비를 더 신중하게 만들어 줍니다.

파킹 통장은 여러 은행에서 만들 수 있어요. '파킹 통장 금리비교'라고 검색하면 금리 높은 순으로 정리된 리스트를 볼 수 있으니 꼭 비교해보고 개설하세요.

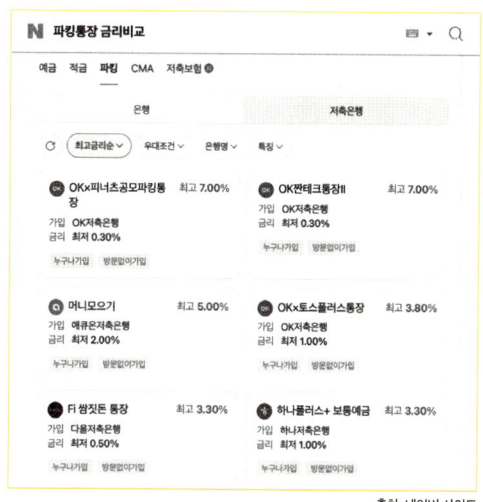

파킹 통장 금리 비교

출처: 네이버 사이트

단, 여기서 꼭 체크해야 할 게 있어요. 대부분의 파킹 통장은 '최고 금리'가 적용되는 예치 한도가 정해져 있다는 점이에요. 예를 들어 다음 표처럼 50만 원까지는 5.0%, 그 이상 금액은 1.3%가 적용되는 식이죠.

구분	금리
50만 원 이하분	연 5.0%(세전)
500만 원 이하분	연 1.3%(세전)
5000만 원 이하분	연 0.5%(세전)
5000만 원 초과분	연 1.0%(세전) * 5000만 원 초과분에 대해서는 우대금리 미적용

파킹 통장 기본 금리 예시

즉 내가 이 통장에 100만 원을 넣어둔다면, 100만 원에 대한 5% 이자를 받는 것이 아니라 50만 원까지는 5%, 남은 50만 원은 1.3%의 이자를 받는 겁니다(우대금리 미고려). 그래서 파킹 통장은 고금리 한도만큼 채워두고, 그 이상의 금액은 조금 더 금리가 높은 예적금에 넣어두는 것도 이자를 최대로 받을 수 있는 방법이에요.

이 한도 금액과 금리는 통장마다 다양하고, '변동금리'라서 수시로 바뀔 수 있어요. 그래서 파킹 통장을 알아볼 때는 내가 예치할 금액과 시기에 따라서 이자를 가장 많이 받을 수 있는 것으로 선택하는 게 좋아요. 또 주기적으로 변동되는 금리에 맞게 가장 이자율이 높은 통장으로 리밸런싱을 하는 것도 이자를 가장 많이 받을 수 있는 방법이랍니다.

'하나하나 알아보고 비교하기 귀찮아요!' 하는 분들은 걱정하지 마세요. '부자습관은 래빗해빛' 유튜브 채널에서 제가 정기적으로 추천 상품을 소개하고 있으니 구독해두면 큰 도움이 될 거예요.

우리가 월급 통장의 남은 돈을 파킹 통장으로 이체하는 것만으로도 어느 정도 지출 방어는 성공했어요. 하지만 파킹 통장의 돈을 계속 빼서 과소비하게 된다면 의미가 퇴색되겠죠. 이럴 땐 아예 월급에서 일정 금액을 '자동이체 적금'으로 설정하는 것도 좋은 방법입니다. 요즘 고금리 적금 상품들은 월 납입한도가 보통 20~30만 원이라 부담이 크지 않으니 한두 개 정도 시작해보는 걸 추천해요.

특히 파킹 통장과 적금을 함께 활용하면 시너지 효과가 납니다. 대부분 해당 은행의 입출금 계좌를 만들고, 그 계좌에서 적금으로 자동이체를 해야 고금리(우대금리)를 주는 경우가 많은데요, 예를 들어 8% 금리의 적금을 들기 위해선 그 은행의 입출금 계좌(금리 0.1%)를 만들고 여기서 적금 계좌로 자동이체 설정을 해야 한다는 거죠. 그런데 이때 단점이 2가지가 생깁니다.

첫째, 소중한 통장 개설의 기회를 하나 날리게 돼요.
입출금 계좌는 한 번 만들면 20일 동안은 다른 은행에서 새로운 계좌를 만들 수 없어요. 파킹 통장의 금리가 자주 바뀌기 때문에, 나중에 더 좋은 조건이 나왔을 때 갈아타려 해도 계좌 개설 제한 때문에 못할 수도 있어요. 이런 귀한 기회를 0.1%짜리 통장 때문에 날리는 건 아깝겠죠.

둘째, 적금 자동이체를 위해서 내 돈이 금리가 낮은 계좌에 잠시 머물러야 해요.

원활한 자동이체를 위해 대부분 월급 등 큰돈이 들어오는 계좌를 입출금 계좌로 설정하고, 그 계좌에서 적금 통장으로 매달 이체가 되도록 설정하는데요, 이때 큰돈이 머무는 계좌의 금리가 0.1%인 것과 3%인 것은 누적되면 무시할 수 없는 차이가 될 거예요.

그래서 제가 추천하는 방법은 파킹 통장과 적금을 자동이체로 연결하는 방법입니다. 파킹 통장 역시 입출금 통장으로 분류되기 때문에, 적금을 개설하고 싶은 은행의 파킹 통장을 보유하고 있다면 해당 파킹 통장에 있는 목돈에서 적금 통장으로 돈이 나가도록 자동이체를 걸어두고, 만기 시 다시 파킹 통장으로 원금과 이자가 돌아오게 세팅해두면, 파킹 통장과 적금 통장 2개가 알아서 합을 맞춰 돌아가며 받을 수 있는 이자를 최대로 끌어올려줄 거예요. 귀찮지 않게, 그러나 똑똑하게 돈이 일하게 되는 시스템이죠.

CMA 통장

파킹 통장에 대해 어느 정도 감이 잡혔다면, 형제지간처럼 비슷한 CMA 통장도 함께 알아볼까요? 파킹 통장과 CMA 통장 둘 다 입출금이 자유롭고, 일반 입출금 통장보다 높은 이자수익을 누릴 수 있다는 공통점이 있습니다.

하지만 둘 사이에는 몇 가지 중요한 차이점이 있는데요, 먼저 개설하는 곳이 달라요. 파킹 통장은 은행에서, CMA 통장은 증권사에서 개설합니다. 은행 상품은 예금자보호가 적용되지만, 증권사의 CMA 통장은 예금자보호가 되지 않는 경우가 많아요(물론, 일부 예금자보호가 되는 CMA 상품도 있으니 확인은 필수입니다).

또 하나 다른 점은 이자 지급 방식이에요. 상품별로 차이가 있지만 파킹 통장은 보통 월 1회 한 달치 이자를 지급하고, CMA는 하루에 한 번씩 지급하는 경우가 많답니다. 요즘에는 하루 단위로 이자를 지급하는 파킹 통장도 있고, 예금자보호가 되는 CMA도 출시되고 있어서, 어떤 상품이 내 상황에 더 잘 맞는지 비교해보면 좋아요.

파킹 통장과 CMA 통장 모두 공통적으로 변동금리 상품이라는 점도 기억해 두세요. 금리가 수시로 바뀌고, 새로운 조건의 상품들이 계속 출시되기 때문에 주기적으로 비교하고, 더 나은 조건의 상품으로 갈아타는 리밸런싱이 중요합니다.

마지막으로 꼭 드리고 싶은 말이 있어요. 이런 행동들이 너무 사소하게 느껴져서 '이걸 한다고 뭐가 달라지겠어?' 하고 지나치지 않으셨으면 좋겠어요. 사실 모든 위대한 변화는 아주 작은 행동에서 시작되거든요. 적게나마 돈이 벌어오는 소득에 스스로 흥미를 느끼면 그때부터는 누가 '말려도' 스스로 재테크와 부업, N잡에 대한 관심이 생기고 행동하게 될 거예요.

어떤 동기부여보다 더 강력한 건 자신 안에서 나오는 내면의 동기예요. 아무리 좋은 책을 읽고 이론만 쌓는 것보다, 단 한 번의 긍정적인 경험이 훨씬 더 큰 힘이 될 수 있다는 것을 여러분도 살아오면서 이미 여러 번 느껴봤을 거예요. 바로 이것이 제가 '파킹 통장 활용'을 첫 시작 단계에서 추천하는 큰 이유이기도 합니다.

'이자의 맛'을 통해 시작한 작은 흥미가, 여러분의 자산을 키워주는 '재미'가 되기를 바랍니다. 그리고 그 재미가 더 큰 '성장'으로 이어져서 여러분이 자는 동안에도 돈을 벌어오는 '용병들'이 하나둘 늘어나길 응원할게요.

자주 하는 질문

Q. 만약 내가 저축한 은행이 망하면 어떻게 하나요?

예금자보호가 되지 않는 CMA 상품의 경우 상대적으로 위험도가 낮은 채권 등에 투자를 하기 때문에 원금 손실의 위험은 적은 편이에요. 하지만 그래도 불안하다면, 예금자보호가 적용되는 파킹 통장에 은행별로 최대 예금자보호 한도만큼만 예치하는 걸 추천합니다.

예금자보호 제도란, 금융사가 영업정지나 파산 등으로 예금을 돌려주지 못할 경우, 예금보험공사가 대신 원금과 이자를 합해 1억 원까지 보장해주는 제도입니다. 이 한도는 은행별로 각각 적용되기 때문에 각 은행에 예치한 금액(원금+이자)이 1억 원을 넘지 않도록 관리하면 만일의 상황에도 대비할 수 있어요.

※ 25년 9월 1일부로 예금자보호 한도 상향(기존: 5000만 원 → 1억 원)

Q. 통장을 주기적으로 여러 개 개설해도 괜찮은가요?

물론이죠! 신용등급에 영향이 있을까봐 걱정하는 분들이 있는데, 통장 개설은 신용등급에 전혀 영향을 미치지 않으니까 더 좋은 혜택의 통장이 나왔을 때 그때그때 갈아타는 걸 추천해요. 금리가 변동되면 유리한 통장이 바뀔 수도 있으니 기존에 갖고 있었던 파킹 통장을 굳이 해지할 필요는 없고요.

통장이 많아 관리가 어렵다면 내가 갖고 있는 통장들을 한 번에 모아서 관리할 수 있는 앱을 사용하면 한눈에 보기도 쉽고 관리도 편하답니다. 저는 '토스앱'을 사용하고 있는데 '뱅크 샐러드 앱'도 많이 사용하더라고요.

03

세금은 아끼고 수익은 키우는 투자 필수템 ·ISA 통장·

국내주식, ETF, 금, 채권 투자를 할 계획이라면 ISA 계좌를 꼭 활용해 보세요. ISA는 '개인종합자산관리계좌(Individual Savings Account)'로, 다양한 금융 상품을 한 계좌에서 운용할 수 있을 뿐 아니라 비과세 혜택까지 제공하는 통장입니다.

그래서 '절세계좌', '만능통장'이라는 별명이 붙을 만큼, 투자를 막 시작한 사회초년생부터 자산관리에 관심 있는 직장인들까지 폭넓게 활용되고 있어요. 특히 세금이 줄어든다는 건, 곧 수익률이 높아진다는 뜻이기도 하죠.

요즘 부쩍 많이 들리는 이 통장, 어떤 장점이 있어서 이렇게 핫한 건지 지금부터 차근차근 알아볼게요.

ISA 통장의 주요 혜택

1. 비과세 혜택

모든 소득에는 세금이 매겨집니다. 그래서 아르바이트비나 월급을 받을 때도 자동으로 세금이 공제가 돼요. 예적금 이자를 받을 때도 기본적으로 이자소득세 15.4%가 공제됩니다.

나라의 발전을 위해 정해진 세금을 성실히 납부하는 것은 당연한 일이지만, 절세할 수 있는 부분까지 굳이 다 내는 것은 현명하지 못한 선택이에요.

가끔 '절세'라는 말을 '탈세'처럼 불편하게 느끼는 분들도 있는데요, 둘은 완전히 다른 개념입니다. 탈세는 법을 어기는 것이고, 절세는 법 안에서 제공된 혜택을 현명하게 활용하는 것이에요. 그리고 많은 절세 제도는 바로 정부에서 만들어주는 제도랍니다. ISA도 그중 하나예요.

ISA 계좌를 활용하면, 일반적인 금융 소득에서 부과되는 15.4%의 세금을 일정 한도까지 0%로 줄여주는 혜택을 받을 수 있어요. 세금이 없는 거죠.

- 일반형 ISA: 200만 원까지 비과세
- 서민형 ISA: 400만 원까지 비과세

예를 들어 투자로 400만 원의 수익이 났다고 가정해 볼게요. 일반적인 계좌에서는 15.4%의 세율이 적용되어 무려 61만 6000원을 세금으로 납부해야 하지만, ISA를 활용하면 서민형 기준 세금은 0원입니다. 어떤 계좌로 투자했느냐에 따라 다른 사람들은 당연한가 보다 하고 내는 61만 6000원을 내지 않고, 정정당당하게 '절세'할 수 있는 거죠.

2. 저율과세

'Q. 앞과 같은 투자로 '200만 원 한도까지 비과세 혜택이 있는 일반형 계좌'에서 400만 원의 수익이 났다면 세금을 얼마 내야 할까요?'

앞의 내용을 완벽히 이해한 사람이라면 400만 원 이익에서 200만 원을 공제한 나머지 200만 원에 대해 15.4%의 세율을 적용해 30만 8000원의 세금이 나온다고 생각할 것입니다.

하지만 틀렸어요. 뭐든 틀려야 기억에 잘 남는 법이기에 먼저 퀴즈를 내봤습니다. 그럼 정답이 뭘까요? ISA는 여기서도 9.9%의 '저율과세'라는 또 다른 선물을 준비해두고 있어요. ISA 계좌에서는 비과세 한도를 초과하는 금액에 대해 세금을 부과할 때 15.4%가 아닌 9.9%의 저율과세를 매깁니다. 예를 들어 일반형 ISA로 400만 원의 수익이 났다면 세금은 얼마가 나올까요?

- 200만 원까지는 비과세
- 나머지 200만 원에는 9.9% 세율 → 19만 8000원 세금만 부담

일반 계좌였다면 61만 원이 넘는 세금이 나왔을 거예요. 단지 계좌 하나 바꿨을 뿐인데도 40만 원 이상 차이가 나는 거죠. 이런 게 바로 '알아야 벌 수 있는 돈'입니다.

구분	투자 수익	세금
일반 계좌	400만 원	61만 6000원
ISA(일반형)	400만 원	19만 8000원
ISA(서민형)	400만 원	0원

계좌별 세금 비교

3. 손익통산: 수익과 손실을 함께 계산해주는 똑똑한 시스템

ISA의 또 하나의 장점은 바로 '손익통산', 즉 수익과 손실을 합산해서 계산해주는 시스템이에요. 예를 들어 A상품에서 400만 원 수익이 났고, B상품에서는 -100만 원의 손실이 발생했다면, 일반 계좌에서는 손실이 나든 말든 수익 전체에 세금이 붙어요. 즉, 400만 원의 수익에 15.4% 세율을 적용해 61만 6000원의 세금이 부과되는 거죠.

하지만 ISA는 총합 손익 = 300만 원으로 계산하고, 여기서 '비과세 한도'와 초과분 '저율과세'까지 적용하면 다음과 같이 달라집니다.

- 일반형: 100만 원에 대해 9.9% → 9만 9000원만 세금 납부

- 서민형: 400만 원까지 비과세 → 세금 0원, 잔여 비과세 한도 100만 원

이처럼 똑같은 상품에 투자를 해도 세금으로 누구는 61만 6000원, 누구는 9만 9000원, 누구는 아예 세금을 내지 않게 되는 현상이 벌어지고 있습니다. 이게 재테크를 공부해야 하는 이유예요. 아는 만큼 보인다고 하듯이 절세도 아는 만큼 할 수 있어요.

구분	투자 수익	손실	세금
일반 계좌	400만 원	-100만 원	61만 6000원
ISA(일반형)	400만 원	-100만 원	9만 9000원
ISA(서민형)	400만 원	-100만 원	0원

계좌별 손익통산 비교

게다가 절세가 정말 좋은 점은 이거예요. 내가 60만 원을 추가로 더 벌면 '소득'으로 잡혀서 또 소득세를 내야 하죠. 그런데 '절세'를 통해 60만 원을 아끼면 절세한 금액은 소득이 아니기 때문에 세금이 붙지 않습니다. 즉, 절세는 단순한 지출 감소가 아니라 '세금이 붙지 않는 양질의 돈'을 만드는 방법이에요. 여러분은 이 책을 읽었으니, 앞으로 안 내도 될 돈을 굳이 내는 일이 없도록 '절세'로 똑똑하게 지켰으면 좋겠어요.

ISA 통장의 단점

그렇다면, ISA 통장의 단점은 어떤 게 있을까요? 하나씩 살펴볼게요.

1. 의무보유기간 3년

가장 먼저 알아야 할 건 '의무보유기간'이에요. ISA는 세금을 그때그때 계산하는 게 아니라, 계좌를 해지할 때 한 번에 정산해요. 이때 ISA의 세금 혜택을 받기 위해선 최소 3년 동안 계좌를 의무적으로 유지해야 합니다.

3년 안에 해지하면 비과세 혜택을 받지 못하고 일반 계좌에서 투자한 것과 동일하게 15.4%의 세금을 매겨요. 3년이라는 시간이 어떻게 보면 짧고 어떻게 보면 긴 시간이기 때문에, 근시일 내에 통장을 해지할 만큼 큰돈이 필요할 만한 상황이 있다면 고려해서 투자해야 합니다.

그래도 다행인 건 있어요. 납입한 '원금'에 대해서는 중도 인출이 가능하다는 점이에요. 예를 들어 2000만 원을 납입해서 1000만 원의 수익이 났다면, 총 3000만 원 중 원금인 2000만 원까지는 언제든지 꺼낼 수 있어요. 단, 한 번 출금한 원금은 다시 넣을 수 없다는 점도 꼭 기억해야 해요. ISA 계좌의 납입한도는 매년 정해져 있어서, 올해 출금한 금액을 같은 해에 다시 납입하는 건 불가능해요. 그 돈은 다음 해의 새로운 한도가 생겼을 때 다시 입금할 수 있습니다.

2. 해지 시 현금 형태로 전환 필수

두 번째 단점은 해지 방식이에요. ISA를 해지할 때는 내가 보유 중인 주식이나 채권을 그대로 유지할 수 없고, 전량 매도해서 현금화한 뒤 해지해야 하기 때문에 이 과정이 다소 번거롭게 느껴질 수 있습니다.

하지만 이때 주목할 만한 제도가 하나 있어요. ISA를 해지할 때 연금저축 계좌로 금액을 이전할 수 있는데요. 연금저축 계좌의 납입한도와 별개로 최대 3000만 원까지 추가로 연금저축 계좌에 넣을 수 있고, 이전한 금액의 10%(최대 300만 원)까지 추가 세액공제도 받을 수 있는 제도가 있습니다. 연금계좌로의 자연스러운 이전을 활용하면 절세 효과를 한 단계 더 높일 수 있는 셈이죠.

하루라도 빨리 만드는 게 이득인 이유

ISA 통장은 사회초년생에게 특히 빛을 발합니다. 조금만 빨리 시작해도 꽤 큰 혜택을 누릴 수 있거든요. 그 이유는 크게 3가지예요.

1. 한 번 서민형은 만기까지 서민형

사회초년생 때는 비교적 소득이 많지 않기 때문에 일반형보다 2배 더 많은 비과세 혜택을 받을 수 있는 서민형 ISA에 가입할 수 있어요. 중요한 건 한 번 서민형으로 가입하면 소득이 늘어도 만기

일까지 계속 자격을 유지할 수 있다는 점이에요. 저 역시 신입사원 시절에 서민형으로 가입했는데, 지금은 소득이 많이 늘었음에도 여전히 서민형 자격으로 유지 중이랍니다.

2. 의무 보유기간 3년

'의무보유기간이 3년이라는 건 단점 아닌가요?'라고 생각하실 수도 있는데요, 사회초년생에게는 장점이 될 수 있어요. ISA는 '계좌를 개설만 해도' 보유기간이 산정되기 때문에, 개설만 해두고 꼭 돈을 넣지 않고 가만히 둬도 3년이라는 시간이 지나면 저절로 혜택을 받을 수 있는 자격이 생깁니다. 지금 당장은 투자할 종잣돈이 없어도 일단 계좌를 열어두면 그 자체로 이득이 되는 거예요.

3. 저축한도 이월

ISA의 연간 납입한도는 2000만 원, 통장의 총한도는 1억 원입니다. 너무 많은 돈을 굴려서 많은 수익을 내고, 그 이자를 다 비과세와 저율과세의 혜택을 준다면 정부도 부담스러울 수밖에 없죠. 그래서 1년에 최대로 넣을 수 있는 한도를 정해두고 있는 거예요.

그런데 여기서 좋은 점은 이 한도가 다음 해로 이월이 된다는 점입니다. 즉, 내가 통장을 개설하고 아무것도 하지 않고 3년이 지났다면, 1년에 2000만 원씩 한도가 이월되어서 총납입한도가 6000만 원으로, 보다 통이 넉넉한 계좌가 되는 것이죠. 살다 보면 갑자기 큰돈이 생길 수도 있으니, 미리 계좌를 개설해서 한도가 넉넉한 절세 통장을 만들어두면 좋을 거예요.

이러한 이유로 만약 여러분이 제 동생이라면, 친구라면, 후배라면 저는 이렇게 말할 거예요. "만들고 나서 아무것도 안 해도 되니까, 묻지도 따지지도 말고 일단 ISA 통장 만들어!"라고요. 진심이에요. 하루라도 빨리 만들어 두는 게 이득입니다.

ISA와 해외 배당소득 이중과세 이슈

요즘 ISA 계좌에서 해외 배당소득 관련 '이중과세' 논란이 있어 ISA 투자를 망설이게 된 분들도 많았는데요, 이 내용을 정확히 알고 있으면 걱정하지 않아도 됩니다. 우선 이 이슈는 모든 투자에 해당되는 것이 아니라 '해외 배당소득'에만 해당된다는 점을 명확히 말씀드려요. 국내 주식이나 국내 ETF, 채권 등에 투자할 경우 이런 문제가 발생하지 않습니다.

이중과세 문제는 미국 등 해외 주식이나 ETF에서 배당금을 받을 때 발생합니다. 기존에는 미국 같은 해외 기업에서 배당금이 지급될 때 이런 과정을 거쳤어요.

1. 현지(예: 미국)에서 배당소득세 15%를 원천징수
2. 국세청이 이 세금을 환급
3. 투자자가 국내 배당소득세율에 맞춰 세금 납부

하지만 개정된 세법에서는 '국세청의 환급 절차가 폐지'됐어요. 투자자들은 이제 외국에서 세금을 납부한 뒤, 배당금을 받게 된 거죠. 이로 인해 다음과 같은 문제가 생겼습니다.

1. 절세 혜택 사라짐: 배당금이 이미 세금을 제하고 입금되기 때문에 ISA의 비과세 혜택이 의미가 없어졌어요.
2. 과세이연 혜택 사라짐: 세금 납부 시점을 미뤄 복리 효과를 누리는 이점도 사라졌습니다.
3. 이중과세 발생: 가장 큰 논란은 ISA 만기 시점에 또 세금이 부과된다는 점! 이미 해외에서 세금을 냈는데, 국내에서도 한 번 더 내게 되는 이중과세 문제가 발생했어요.

투자자들은 "이럴 거면 왜 절세 계좌로 투자해야 하나요?"라며 분노했죠.

다행히도 정부가 ISA 이중과세 해결책을 마련했어요. ISA의 경우, 투자자가 외국에 납부한 세금을 일종의 '크레딧'으로 따로 기록해두었다가 계좌 만기 때 최종 부과되는 세금에서 공제하는 방식을 도입한 것입니다. 공제율은 일괄 14%(국내 배당소득세율)로 적용되는데요, 쉽게 예를 들어볼게요.

1. 일반형 ISA에서 600만 원의 배당금을 받았고, 이 중 해외 ETF를 통해 받은 배당금이 300만 원이라고 가정해볼게요.

2. 이 경우 300만 원의 14%인 42만 원이 '크레딧'으로 기록됩니다.
3. 최종적으로 600만 원 배당금에서 ISA 일반형은 200만 원에 대해 비과세 혜택이 적용되기 때문에 공제분 200만 원을 뺀 나머지 400만 원에 대해 내야 하는 세금은 원래 39만 6000원(9.9%)이에요.
4. 하지만 그동안 쌓아 놓은 크레딧 42만 원을 공제하면, 세금을 내지 않아도 되는 거죠.

ISA에서 투자는 어떻게 해야 할까요?

이중과세 이슈가 해결되었다고 해도 투자 전략은 다시 한번 정리해볼 필요가 있어요. 몇 가지 팁을 드릴게요.

1. 배당형 + 성장형 혼합

안정적인 배당 수익도 좋지만, 장기적으로는 지수 추종 ETF처럼 성장 가능성이 있는 상품도 함께 고려해 보세요. 배당과 성장의 균형이 중요하거든요.

2. 국내 배당형 ETF 검토

해외 ETF에서 발생하는 세금 문제에 민감하다면, 처음부터 그런 이슈가 없는 국내 배당형 ETF를 포트폴리오에 포함시켜 보는 것도 좋은 방법이에요.

3. 장기 투자 관점 유지

ISA는 3년 이상 유지했을 때 세제 혜택이 극대화되는 계좌에요. 때문에 단기적인 세금 이슈에 너무 민감하게 반응하기보다는, 긴 호흡으로 바라보고 꾸준히 운용하는 것이 ISA를 가장 잘 활용하는 방법이에요.

사회초년생과 초보 투자자를 위한 추천 ETF 5

투자를 시작하는 사회초년생이라면 개별 주식보다는 ETF(상장지수펀드)로 시작하는 것이 위험을 분산하면서도 안정적인 수익을 기대할 수 있어요. ISA 계좌에서 시작하기 좋은 ETF 5가지를 추천해 드릴게요. 매매가 용이하도록 '거래량'이 많은 상품을 위주로 골랐어요. 운용사별 거래량과 수수료는 매번 달라지므로 가장 최근의 거래량과 수수료를 살펴보고 결정하세요.

1. KODEX 200

특징: 한국을 대표하는 200개 기업(KOSPI 200)에 자동 분산 투자

추천 이유: 개별 종목에 투자하려면 기업 실적, 산업 흐름 등 공부

할 게 많지만 KODEX 200은 그런 고민 없이도 국내 상위 기업에 골고루 투자할 수 있어요. 삼성전자, SK하이닉스, 현대차, LG화학 같은 기업에 자동으로 비중을 나눠 담기 때문에, 국내 경제 전반에 투자하는 효과가 있어요. 특히 ETF 중에서도 거래량이 압도적으로 많아 매수·매도가 쉬운 점, 그리고 수수료(총보수)도 연 0.15%로 저렴해서 ETF를 처음 경험하기에 아주 적합해요.
"국내 시장 대표 ETF 하나만 고른다면 이거!"

2. TIGER 미국 S&P 500

특징: 미국을 대표하는 500개 기업(S&P 500)에 자동 분산 투자
추천 이유: 미국은 글로벌 시장을 이끄는 중심 국가인 만큼 S&P 500은 장기투자의 필수템이라고 할 수 있어요. 애플, 마이크로소프트, 존슨앤존슨, 월마트 등 글로벌 기업을 원화로 손쉽게 투자할 수 있고, 한국 증시보다 꾸준한 우상향 흐름을 보여온 안정성도 큰 장점이에요. 특히 장기적으로 자산을 키우고 싶은 분들에게 적립식 투자 루틴으로 강력 추천합니다.
"미국 주식 투자, 어렵게 생각하지 말고 이 ETF 하나로 시작해도 충분해요."

3. KODEX 미국 나스닥100

특징: 미국을 대표하는 100개 기술기업(나스닥 100)에 자동 분산 투자

추천 이유: S&P 500이 미국 경제 전반에 투자하는 ETF라면, 나스닥100은 테슬라, 엔비디아 등 테크 기업 위주로 구성돼 있어, 빠르게 성장하는 산업에 투자하고 싶은 분들께 잘 맞아요. S&P 500보다 등락폭은 조금 더 크지만, 그만큼 더 높은 수익을 기대할 수 있는 잠재력이 있어요. 최근 AI·반도체 테마가 부각되면서 엔비디아, AMD 등 성장주에 관심 있는 투자자에게 매력적인 ETF예요.
"성장주의 가능성을 믿는다면, 이 ETF로 기술주 흐름에 올라타세요!"

4. KODEX 미국배당다우존스

특징: 미국 고배당 기업에 분산 투자(다우존스 미국 배당지수 추종)
추천 이유: 매 분기 배당을 지급하는 미국 고배당 기업 중심으로 구성된 ETF예요. 배당 수익에 집중하는 ETF로, 시장 변동성이 클 때에도 꾸준한 현금 흐름을 기대할 수 있는 것이 특징입니다. 코카콜라, 존슨앤존슨, 맥도날드 등 글로벌 대형 배당주에 자동으로 투자하고, 분기마다 배당금이 지급돼요.
주가 상승을 기대하기보다는 조금 느긋하게 배당금을 쌓으면서 돈이 일하는 구조를 만들고 싶은 경우에 잘 맞아요.
"ETF로 월급처럼 배당금을 받고 싶다면, 이거 하나쯤은 챙기세요."

5. KODEX KOFR금리액티브(합성)

특징: 한국무위험지표금리(KOFR)에 수익률이 연동된 ETF(파킹형 ETF)

추천 이유: KOFR은 한국은행이 발표하는 '무위험 단기금리'인데, 은행 간 초단기 금리를 반영한 아주 안전한 기준금리예요. 이 ETF는 KOFR의 수익률을 그대로 따라가도록 설계되어 있어요. 금리가 높은 시기엔 예금처럼 안정적인 수익을 기대할 수 있고, 원금 손실 가능성이 거의 없어 '현금 대기자산'으로 활용할 수 있어서 '파킹형 ETF'라는 별명도 있어요. 주식이 불안할 땐 이런 ETF에 잠시 대기하면서도 예금 이상의 금리 수익을 노릴 수 있어, ISA 계좌의 현금 역할로 추천해요.

"현금처럼 안전하게, 하지만 조금 더 똑똑하게 굴리고 싶다면 이 ETF를 기억하기!"

 **투자 초보자를 위한 팁**

1. 균형 잡힌 포트폴리오: 앞에 추천한 ETF들을 조합해 국내/해외, 공격/안정 비중을 고르게 가져가는 것이 좋습니다.
2. 적립식 투자: 일정 금액을 매월 정기적으로 투자하는 방식(적립식)으로 시작하면 평균 매수 단가를 낮출 수 있습니다.
3. 장기 투자: ETF는 단기 수익보다 장기적인 복리 효과를 노

리는 투자 방식이므로, 최소 3~5년 이상의 투자 기간을 두고 시작하세요.

04

노후 준비의 정석
·연금저축과 IRP·

    기초적인 예적금과 파킹 통장으로 '돈이 돈을 버는 경험'을 조금 맛보셨다면, 이제는 한 걸음 더 나아가 내 미래의 '황금기'를 위한 든든한 준비를 시작해볼 시간입니다. '지금 당장 먹고살기도 바쁜데 무슨 노후 준비야?' 하는 마음은 충분히 이해해요. 저도 그랬으니까요. 하지만 오늘 어떤 씨앗을 심느냐에 따라 10년, 20년 뒤의 삶은 완전히 달라질 수 있어요. 여전히 '돈 걱정'을 하며 살아가는 미래가 될 수도 있고, 자본이 나를 든든히 지켜주는 황금기를 맞이할 수도 있죠. 우리는 지금, 그 갈림길에 서 있는 거예요.

    그 황금기를 위한 최고의 무기는 바로 '연금저축'과 'IRP' 계좌입니다. 이 2가지 계좌는 특히 사회초년생에게 정말 강력한 혜택을 가져다주는 '효자 통장'이라고 할 수 있어요. 그렇다면 연금저축과 IRP는 정확히 무엇이고, 왜 지금부터 시작해야 하는지 알아보겠습니다.

왜 연금저축과 IRP를 꼭 시작해야 할까요?

연금저축과 IRP 이 두 계좌가 주는 선물은 크게 3가지입니다.

1. 세액공제 혜택: 연말정산 때 두둑하게 돌려받아요.

이게 바로 우리가 연금저축과 IRP 계좌를 당장 만들어야 하는 가장 강력한 이유인데요, 연금저축 계좌와 IRP 계좌에 납입한 금액은 연말정산 때 세액공제 혜택을 받을 수 있어요. 두 계좌를 합쳐서 연간 최대 900만 원까지 세액공제 대상이 되고, 공제율은 소득에 따라 달라져요. 총급여 5500만 원 이하(종합소득 4500만 원 이하)인 경우에는 납입액의 16.5%를, 그 이상인 경우에는 13.2%를 돌려받을 수 있습니다.

만약 총급여 5500만 원 이하라면, 연금저축과 IRP에 꽉 채워서 900만 원을 납입했을 때 최대 148만 5000원을 연말정산으로 환급받을 수 있는데요, 단순히 통장에 넣어두거나 일반 투자를 하는 것만으로는 받을 수 없는 엄청난 혜택이죠. 이 돈으로 맛있는 것 사 먹고, 필요한 곳에 쓰고, 생각만 해도 기분 좋지 않나요?

사회초년생은 대부분 소득이 높지 않기 때문에 16.5%의 높은 공제율을 적용받을 가능성이 커서 더욱 유리할 거예요.

2. 과세이연 효과: 세금 걱정 없이 돈을 불려요.

일반 투자에서는 이자나 배당 같은 수익이 생길 때마다 바로바로 세금(보통 15.4%)을 내야 해요. 그런데 연금저축과 IRP 계좌 안에서는 그럴 필요가 없어요. 수익이 나도 세금을 당장 내지 않고, 나중에 연금을 수령할 때 한 번에 납부하게 되죠.

이걸 '과세이연'이라고 해요. 비슷한 혜택을 가진 ISA 통장과도 닮아 있죠? 과세를 미루는 것뿐인데 뭐가 그리 좋은 걸까 싶지만, 사실 이게 정말 큰 차이를 만듭니다. 왜냐하면 세금을 떼지 않은 수익까지 다시 투자할 수 있기 때문에 복리 효과가 극대화되거든요.

예를 들어 같은 수익률로 투자해도 A는 세금 떼고 굴리고, B는 세금 안 떼고 굴렸다면, 10년, 20년 후 자산 격차는 엄청나게 벌어져요. 돈이 계속 일하고, 그 돈이 또 다른 돈을 낳는 '선순환 구조'가 계좌 안에서 착착 돌아가게 되면 절대 무시할 수 없는 차이가 됩니다.

3. 연금 수령 시 낮은 세율: 노후에도 세금 부담이 없어요.

계좌에 쌓인 돈은 만 55세 이후 연금 형태로 꺼내 쓰게 되는데요, 이때는 일반 소득세율이 아니라 연금소득세율(3.3~5.5%)이 적용돼요. 일반 투자 수익의 세율(15.4%)과 비교하면 정말 낮은 편입니다.

즉, 지금은 13.2~16.5%의 세액공제 혜택을 받고, 수익을 낼 때는 세금 걱정 없이 굴리고, 꺼낼 때는 또 낮은 세율로 적용받는 구조예요. 말 그대로 혜택에 혜택을 더한 '절세 3단 콤보'인 거죠.

연금저축과 IRP는 어떻게 다를까요?

연금저축과 IRP는 모두 노후 대비를 위한 대표적인 절세 계좌예요. 둘 다 연말정산에서 세액공제를 받을 수 있고, 계좌 안에서 발생한 수익에 대해 세금을 미루는 '과세이연' 혜택도 제공합니다. 하지만 실제로는 운용 방식, 투자 제약 등에서 제법 차이가 있어요. 하나씩 천천히 알아볼게요.

먼저 연금저축은 이름 그대로 '나의 노후 준비'를 위해 개인이 자발적으로 가입하는 연금 계좌예요. 형태는 연금저축펀드, 연금저축보험, 연금저축신탁 3가지로 나뉘는데요, 이 중에서 저는 사회초년생에게 연금저축펀드를 가장 추천합니다. 투자 상품의 선택 폭이 넓고, 수수료 부담도 낮으며, 자율적인 운용이 가능하다는 점 때문이죠.

연금저축 계좌의 세액공제 한도는 연간 최대 600만 원이고, 펀드, ETF 등 다양한 자산에 자유롭게 투자할 수 있어요. 특히 투자에 대한 관심과 의지가 있다면, 본인의 스타일에 맞는 포트폴리오를 직접 구성할 수 있는 연금저축펀드는 매우 좋은 선택이 될 수 있습니다.

다음으로 IRP, 즉 개인형 퇴직연금(Individual Retirement Pension)은 이름에서 알 수 있듯이 원래는 퇴직금을 굴리기 위한 계좌였어요. 퇴직 시 받은 금액을 보관하거나, 이직할 때 연금 자산을 이전하는 용도로 만들어졌죠. 하지만 지금은 소득이 있는 분이라면 누구나 자유롭게 개설해서 퇴직금 외에 개인적으로 돈을 추가 납입하고 운용할 수 있게 바뀌었습니다.

IRP의 세액공제 한도는 연금저축과 합산해서 연간 900만 원이에요. 예를 들어, 연금저축으로 600만 원을 채웠다면, IRP에 추가로 300만 원을 납입해서 나머지 한도를 채울 수 있는 구조인 거죠.

하지만 IRP에는 한 가지 중요한 제약이 있어요. 바로 투자 자산의 30% 이상을 예금이나 RP(Repurchase Agreement, 환매조건부채권) 같은 안전자산에 의무적으로 투자해야 한다는 점이에요. 반면 연금저축은 원하는 만큼 ETF나 펀드에 투자할 수 있어서 투자 자유도가 더 높습니다.

이렇게 보면, 연금저축과 IRP는 각각 장단점이 뚜렷한데요, 그렇다면 어떤 계좌를 먼저 시작하는 게 좋을까요? 만약 55세까지 시간이 많이 남아서 적극적인 투자를 원한다면 '연금저축펀드'가 유리할 수 있어요. 특히 연금저축은 투자 상품 비중을 100% 가져갈 수 있다는 장점이 있습니다.

반대로 55세까지 남은 기간이 많지 않아서 중도 인출할 일이 없고, 은퇴 시기가 다가옴에 따라 어느 정도 안정적인 운용을 선호한다면 'IRP'가 더 맞을 수 있습니다. IRP는 예금이나 RP 같은 안전자산을 포트폴리오에 포함시킬 수 있고, 의무적으로 30%는 안전자산에 투자해야 하므로 안정성을 추구하는 분들께 적합해요.

사회초년생이라면 보통 연금저축 계좌에 연 600만 원까지 납입해서 세액공제 혜택을 먼저 채우고, 그 이상의 금액으로 900만 원 한도까지 더 납입하고 싶다면 IRP 계좌에 추가로 300만 원을 채우는 전략을 추천해요. 이렇게 하면 세액공제 혜택을 최대로 받으면서 연금저축의 투자 자유도와 IRP의 세액공제 추가 혜택을 모두 활용할 수 있을 거예요.

시작 전 반드시 확인해야 할 주의사항

연금저축과 IRP의 혜택을 듣다 보면 이런 생각이 들죠.
'이렇게 좋은 통장이면, 무조건 900만 원 꽉 채워야지!'
하지만 아직 사회초년생이라면, 무작정 한도 채우기에 앞서 꼭 다음 2가지를 먼저 확인해야 합니다.

1. 내 '산출세액'을 먼저 확인하세요.

세액공제는 단순히 '돈을 넣으면 돌려준다'가 아니라, '내야 할 세금에서 깎아주는 거'예요. 즉, 내가 1년에 내야 할 세금(산출세액)이 적다면, 연금저축이나 IRP를 아무리 많이 납입해도 세액공제 혜택을 전부 받지 못할 수 있다는 뜻이에요.

예를 들어 내가 받을 수 있는 세액공제 혜택이 99만 원이라고 가정해 볼게요. 그런데 실제로 1년 동안 납부해야 할 산출세액이 10만 원밖에 안 된다면? 그렇다면 내가 돌려받을 수 있는 금액도 딱 10만 원이에요. 나머지는 공제 혜택을 받고 싶어도 받을 수가 없습니다.

그래서 가장 현명한 전략은 무작정 한도를 채우기보다는 내 예상 산출세액이 얼마인지 먼저 확인하고, 그에 맞춰 납입 금액을 결정하는 거예요. 국세청 홈택스(Hometax)의 '연말정산 미리보기 서비스'를 활용하면, 내 예상 산출세액을 미리 확인할 수 있습니다.

2. 55세까지 돈이 묶입니다(중도 인출 시 세금 폭탄 주의).

연금저축과 IRP는 기본적으로 55세 이후에 연금 형태로 수령해야 하는 장기 계좌예요. 즉, 계좌에 넣은 돈은 55세까지 묶인다고 생각해야 합니다. 만약 그전에 급하게 돈이 필요해서 중도 인출하게 되면, 세금 폭탄을 맞을 수 있어요. 세액공제를 받을 때는 소득에 따라 13.2% 또는 16.5%의 혜택을 받았지만, 중도 인출 시에는 세액공제 받은 금액과 수익에 대해 무조건 16.5%의 기타소득세가 부과됩니다. 특히 총급여가 높아 13.2% 공제를 받은 분이라면, 인출 시 16.5%를 내야 하니 오히려 손해를 보는 상황이 발생하는 거죠.

연금저축과 IRP는 나라에서 '이 돈은 노후를 위해 꼭 묻어두세요!'라고 강력하게 말하는 장치라고 생각하면 돼요. 그러니 앞으로 몇 년 안에 결혼 자금, 주택 구매 자금 등 꼭 필요하게 될 목돈이라면 연금 계좌에는 넣지 않는 것이 좋습니다. 눈앞의 세액공제 몇십만 원 때문에 나중에 더 큰 손실을 보거나 꼭 필요한 순간에 돈을 못 쓰는 상황을 막아야 하니까요.

어쩌면 사회초년생에게 '노후'는 정말 멀게 느껴질 수 있어요. 하지만 재테크에서 '시간'만큼 강력한 무기는 없습니다. 특히 연금 계좌는 복리 효과와 과세이연 혜택 덕분에 시간이 지날수록 자산이 눈덩이처럼 불어나는 경험을 할 수 있을 거예요.

매달 10만 원, 20만 원과 같은 소액이라도 좋으니 지금부터 꾸준히 납입해 보세요. 그 돈들이 모이고, 그 돈이 투자되어 수익을 내고, 그 수익에 세금이 붙지 않고 다시 투자되는 과정이 수십 년간 반복되면 상상할 수 없을 만큼 큰 자산이 되어 여러분의 '황금기'를 든든하게 지켜줄 거예요.

 내 산출세액은 어디서 확인하나요?

앞서 연금저축과 IRP 납입 금액을 정하기 전에 내 산출세액을 확인하는 것이 중요하다고 말했는데요, "그럼 그 산출세액은 어디서 확인하나요?"라고 궁금해할 분들을 위해 팁을 드립니다.

바로 국세청 홈택스에서 제공하는 '연말정산 미리보기' 서비스를 활용하면 됩니다. 보통 매년 10월 말부터 11월 사이에 이 서비스가 열리는데요, 이때 접속하면 1월부터 9월까지의 나의 소득과 각종 공제 예상액을 바탕으로 연말정산 결과를 미리 확인해볼 수 있어요.

미리보기 서비스에서 예상되는 '결정세액'이나 '남은 세액공제 여력'을 확인하면, 내가 연금저축과 IRP 납입을 통해 최대로 세액공제 받을 수 있는 금액이 얼마인지 가늠해볼 수 있습니다. 만약 예상되는 산출세액이 연금 계좌로 받을 수 있는 최대 세액공제 금액(예: 총급여 5500만 원 이하일 때 148만 5000원)보다 적다면, 굳이 최대 한도까지 채우기보다는 내 산출세액 범위 내에서 납입 금액을 조절하는 것이 더 효율적이겠죠?

물론 세액공제를 다 받지 못하더라도, 연금 계좌는 장기 복리 운용과 과세이연 효과가 있기 때문에 '세액공제 외 장점'도 고려해서 납입을 결정하는 것이 좋아요.

이 '연말정산 미리보기' 서비스는 연금저축과 IRP뿐만 아니라 다른 소득공제, 세액공제 항목들도 미리 살펴보고 절세 전략을 세울 수 있는 아주 유용한 도구이니, 서비스가 열리는 시기에 꼭 한번 확인해 보세요(보다 자세한 내용은 부자습관은 래빗해빛 유튜브 채널의 '연말정산 미리보기' 편을 참고하면 도움이 될 거예요).

#4 이렇게 하면 천하무적!

5장

나에게 맞는 투자 방향과 종목을 정하는 법

01

투자에도 성향이 있다: 나에게 맞는 투자 찾기

5장에서는 제가 직접 경험했던 재테크를 공유하려고 해요. 지금 돌아보면 아무것도 모르고 무지성으로 투자했던 부끄러운 순간도 있었고, 나름 열심히 공부했지만 정보가 부족해 손실을 본 적도 있었어요. 물론 성공적으로 수익을 냈던 적도 있었고요.

명색이 부자습관 크리에이터인데 제가 걸었던 꽃길만 공유하고 싶은 유혹도 있지만, 밝은 면만 보는 것보다 누군가가 먼저 부딪히며 겪은 입체적인 스토리를 듣는 것이 여러분에게 더 도움이 될 거라 생각해 그동안 겪었던 시행착오와 그 과정에서 얻은 팁들을 용기 내서 공유해 볼게요.

이 장에서는 이런 걸 다뤄볼 거예요.

- ✔ '나는 어떤 투자 성향일까?' 점검하기
- ✔ 사회초년생도 접근하기 쉬운 주식 투자법(멘탈 관리, 공모주 투자)
- ✔ 현실적인 관점에서 시작하는 부동산 투자법

아직 나만의 투자 방향을 찾지 못한 분들이라면, 최소한 '나는 이런 성향이구나', '지금 이 자금으로는 이런 방향부터 시작해볼 수 있겠네'라는 감을 잡게 되실 거예요. 투자에 정답은 없지만, 여러분만의 해답을 찾는 여정에 제 이야기가 작은 힌트가 되기를 바랍니다.

내 투자 성향 체크하기

"주식이 요즘 잘 나간대."
"친구는 코인으로 몇 배를 벌었다더라."
"부동산은 역시 땅이지!"

이런 얘기를 들을 때마다 덩달아 마음이 조급해졌던 적이 있었어요. '나도 뭔가 해야 하는 거 아닌가?' 싶었고, 큰 그림 없이 무작정 '매수' 버튼을 눌렀다가 손실을 본 적도 있었죠.

그런데 지금 생각해보면, 투자의 시작은 '남들이 뭘 하냐'가 아니라 '나는 어떤 사람인가'에서부터 출발해야 했어요. 어떤 투자든 리스크는 존재하고, 그 리스크를 감당할 수 있는 성향이 사람마다 다르기 때문이에요.

예를 들어 손실을 보면 며칠 동안 잠이 안 올 정도로 스트레스를 받는 분이라면, 단기적으로 가격 변동이 심한 투자 상품은 피하는 게 좋아요. 반대로, 매일 시세를 확인하고 스스로 판단하고 결정하는 걸 좋아하는 분이라면, 주식처럼 변동성이 있는 자산이 더 맞을 수 있습니다.

저도 처음에는 이런 걸 잘 몰랐어요. 다들 주식 한다니까 따라 했다가 하루에 몇 번씩 시세를 확인하며 멘탈이 널뛰기하는 제 모습을 보고 '아, 나는 이건 아니구나' 싶었죠. 반면에 시간이 좀 걸리더라도 안정적으로 수익을 쌓을 수 있는 부동산이나 채권 투자는 제 성향과 잘 맞았어요.

다음 항목 중 몇 개나 자신에게 해당되는지 체크해 보세요. 많이 해당되는 쪽이 자신의 기본적인 투자 성향일 가능성이 높아요.

안정 추구형

- ☐ 돈을 잃는 게 너무 무섭다.
- ☐ 원금 보장이 중요한 편이다.
- ☐ 수익률이 낮아도 안정적인 게 좋다.
- ☐ 매일 가격 변동을 보는 게 스트레스를 준다.

적극 투자형

- ☐ 높은 수익률을 위해 일정 수준의 리스크는 감수할 수 있다.
- ☐ 시세 확인이 재미있고, 빠르게 움직이는 게 좋다.
- ☐ 단기 수익도 중요하게 생각한다.
- ☐ 직접 정보를 찾아보는 데 거부감이 없다.

혼합형

- ☐ 안정성과 수익성 사이에서 균형을 잡고 싶다.
- ☐ 일부는 안전하게, 일부는 공격적으로 운영하고 싶다.
- ☐ 자산의 목적(결혼자금, 은퇴자금 등)에 따라 투자 전략을 다르게 세우고 싶다.

| 성향별 재테크 가이드 |

안정 추구형이라면?

안정형 성향이라면 예적금, 국채, 채권형 ETF, 공모주 청약부터 시작하는 걸 추천해요. 실제로 저도 재테크 초반에는 공모주 청약으로 첫 수익을 경험했어요. 리스크가 적고, 계좌만 있어도 참여할 수 있어서 진입장벽이 낮은 점이 장점이에요. 공모주 투자법은 '5장 02 사회초년생이 시작하기 쉬운 주식 투자'에서 자세히 소개할게요.

부동산 투자도 하고 싶다면, 안정형 투자자에게는 다주택자가 되는 것보다 '똘똘한 한 채'로 아파트 내 집 마련부터 시작해보는 걸 추천해요. 한 채를 마련하는 과정에서 부동산 투자가 나와 잘 맞는 것 같으면 저처럼 하나씩 늘려가도 좋고요.

사실 제 성향도 안전 추구형에 가까워요. "그런데 어떻게 그렇게 부동산 투자를 과감하게 하셨어요?" 하고 놀라는 분들이 많지만, 저에게 부동산 투자가 매력적으로 다가오는 이유는 주식시장처럼 하루가 다르게 가격이 오르락내리락하지 않고, 거래가 이루어지는데 '시간'이 걸려서 비교적 전략을 생각할 수 있는 시간이 많다는 점 때문이에요.

또한 부동산은 실물 자산이기 때문에 시장의 단기 흐름이나 기업, 외국인 등 큰손의 수급 영향도 상대적으로 덜하고, 한 번 임대를 맞추면 최소 2년, 연장 시 4년 동안은 크게 신경 쓸 일 없이 마음 편히 보낼 수 있어요. 이런 특징들 덕분에 부동산은 저 같은 안정 추구형 투자자에게도 꽤 잘 맞는 자산이에요.

적극 투자형이라면?

높은 수익을 추구하며 리스크도 감수할 준비가 되어 있는 적극형 성향이라면 주식, ETF, 리츠, 해외주식, 나아가 크립토(코인, 암호화폐 같은 디지털 자산) 같은 고위험 자산에 관심이 갈 수 있어요. 이런 자산들은 변동성도 크지만, 잘하면 큰 수익도 기대할 수 있는 영역이죠. 하지만 동시에 정보 탐색 능력, 리스크 관리 역량, 멘탈 관리가 정말 중요해요.

저는 매일 급변하는 시장 흐름을 읽고 매매 타이밍을 잡는 일이 직장생활과 병행하기엔 멘탈이나 시간 관리 측면에서 부담스럽게 느껴져서, 주식은 일부 우량주와 ISA 계좌를 활용한 ETF 적립식 투자 정도로만 하고 있어요.

나중에 적극형 투자에 관심이 생길 수도 있겠지만, 그렇다고 해서 '무지성 투자'나 '추천픽 투자(특정 종목을 추천받아 그대로 따라 하는 투자)'로 접근하는 일은 절대 없을 거예요. 어떤 자산에 투자하든 반드시 내가 이해하고 스스로 판단해야 한다는 점은 꼭 기억하세요.

혼합형이라면?

안정성과 수익률을 동시에 챙기고 싶은 혼합형 투자자라면 포트폴리오 분산이 핵심이에요. 예를 들어 40%는 안정 자산(채권, 예적금), 60%는 적극 자산(주식, ETF 등)으로 비중을 나누는 방식이죠. 저 역시 지금은 혼합형으로 운영하고 있고, 투자 시기와 투자 목적에 따라 전략을 조절하면서 유동적으로 운용하고 있어요.

제가 시기별로 추천하는 포트폴리오는 다음과 같습니다. 참고용으로 활용하세요.

결혼 전: 안정 20%, 적극 80%

가장 공격적인 투자가 가능한 시기입니다. 다양한 투자 경험을 많이 해보는 게 중요해요. 단, 무지성 투자는 안 됩니다.

결혼 후, 자녀 없음: 안정 30%, 적극 70%

배우자 자산까지 합치면 종잣돈이 확 늘어나는 시기에요. 자녀도 아직 없으니 공격적인 투자가 가능해요. 내 집 마련을 적극적으로 추천하고, 실거주와 투자 분리를 통해서 수익을 극대화할 수 있어요.

결혼 후, 자녀 있음(초등학교 입학 전): 안정 40%, 적극 60%

자녀가 있어도 초등학교 입학 전까지는 비교적 부담이 덜해요. 초등학교 입학 전까지는 '학군'을 크게 신경 쓰지 않아도 되므로 부동산 투자도 적극 추천해요. 다만 향후 자녀의 입학을 고려해서 학군지에 부동산 투자를 미리 해두는 것도 좋은 전략입니다.

결혼 후, 자녀 있음(초등학교 입학 후): 안정 60%, 적극 40%

자녀 교육에 신경 써야 할 시기이고, 이사를 자주 다니는 것도 쉽지 않아요. 학군지 장기 실거주를 추천합니다.

결혼 후, 자녀 졸업(성인): 안정 40%, 적극 60%

자녀 교육이 끝나면 조금 여유가 생길 거예요. 자녀들이 출가하면 새로운 부동산 투자를 시작하거나, 새로운 투자 공부를 통해 자산을 불려나갈 수 있어요.

직장 은퇴 10년 전: 안정 70%, 적극 30%

안정적으로 은퇴 후 삶을 준비해야 하는 시기예요. 은퇴를 대비해서 연금소득, 배당소득, 임대소득 등 안정적인 현금 흐름을 만들어두는 것이 중요해요.

- **직장 은퇴**: 안정 70~80%, 적극 20~30%

그동안 투자를 열심히 해왔다면 일하지 않아도 들어오는 월 소득으로 충분히 생활이 가능할 거예요. 은퇴 후에는 월급이라는 존재가 사라지기 때문에 '시세 차익형' 투자(아파트, 토지, 기술주 등)보다는 '현금 흐름형' 투자(상가, 배당주 등)에 집중하는 것이 좋습니다.

투자에서 중요한 건 '빨리'가 아니라 '지속적으로, 나에게 맞게' 예요. 나의 투자 성향을 무시한 채 남들만 따라가다 보면, 수익은커녕 스트레스만 쌓일 수 있어요. 결국 그 스트레스는 "나는 투자랑 안 맞아"로 이어지게 되고, 시장을 떠나버리게 되는 가장 큰 불상사가 일어날 수 있습니다.

제가 강연에서 자주 하는 말이 있어요. "투자에서 가장 큰 리스크는 이 시장을 떠나는 것이다"라는 말인데요, 시장 밖으로 나간다는 것은 앞으로 올 수익의 기회를 내 발로 차버리는 것과 같아요. 눈앞의 하락과 손실은 다시 회복할 수 있지만, 기회 자체를 아예 포기해버리면 나중에 다시 시작하기도 훨씬 어렵거든요.

주식의 상승기와 하락기를 겪고 나면 직장에서 이런 말이 종종 들려요.

"주식? 하지 마, 다 물려서 남는 것도 없어. 아직 시작 안 했다고? 아유~ 네가 승자야 A사원!"

그럼 A사원은 속으로 생각하죠. '주변에 다들 물렸다고 한숨만 쉬잖아? 역시 주식은 위험한 거구나. 시작도 안 하길 잘했어. 앞으로도 주식은 쳐다보지도 말아야지.'

과연 A사원이 정말 승자이고, 투자를 한 사람들은 패자일까요? 물론 아무런 공부 없이 무지성으로 투자해서 손실을 본 사람은 패자가 맞아요. 하지만 오히려 직접 공부하고, 전략을 세워 투자를 한 사람들에게는 이 '하락장'이야말로 가장 값진 자산이 될 수 있어요.

'왜 손실이 났을까? 어떤 점을 간과했을까?'

'이 시기는 기회일까? 아니면 더 기다려야 할까?'

'비슷한 상황이 다시 온다면 나는 어떻게 행동해야 할까?'

이런 고민을 통해 우리는 스스로 투자자로서 한층 더 성장할 수 있습니다. 처음에는 마음 아프고 힘들 수 있지만, 경험이 쌓이고 나면 그 후의 투자에서는 훨씬 더 흔들림 없이, 단단한 나만의 기준을 가지고 갈 수 있게 되거든요. 결국 시간이 흐르면 그 하락장은 나에게 '빛나는 자산'이 되어 돌아올 거예요.

그래서 꼭 전하고 싶어요. "투자에 아예 신경 쓰지 않는 것보다 나의 성향을 이해하고 나에게 맞는 투자법을 찾아서 시장에서 계속 살아남는 것, 이게 진짜 중요하다"고요.

성향에 맞는 투자법을 찾는 데 시간이 좀 걸릴 수도 있어요. 하지만 괜찮아요. 조금 느리게 가더라도, 그 길이 결국 내 돈과 멘탈을 모두 지키는 가장 확실한 길이니까요.

02

사회초년생이 시작하기 쉬운 주식 투자

처음 주식 투자를 할 때는, 사실 저도 깊이 생각하지 않고 시작했어요. 누가 좋다더라 하면 일단 사고 봤고, 장기 보유하면 언젠가는 오르겠지 하는 막연한 믿음으로 손절 한 번 안 하고 끝까지 들고 갔죠. 그런데 결과는? 지금은 거래량이 아예 0이 되어버려 사실상 휴지조각이 된 가슴 쓰라린 종목들도 몇 있답니다.

속상하지만 그 경험을 통해 확실히 배운 게 있어요. 주식은 반드시 공부하고, 기준을 세우고, 손절매도 할 줄 알아야 한다는 것입니다.

"이 종목이 좋대."

"B대리가 이걸로 수익 봤대."

이런 말 한 번쯤 들어보신 적 있으시죠? 저도 그런 말에 혹해서 주식을 몇 개 샀던 적이 있어요. 처음에는 운 좋게 주식 가격이 올라서 '뭐야, 돈 벌기 쉬운데?'라고 생각하기도 했었죠.

하지만 실제 '수익'은 팔았을 때 나는 것이지 아무리 평가수익이 커도 매도 타이밍을 잘 잡지 못하면 낭패를 볼 수 있다는 점은 꼭 명심해야 해요. 그래서 언제, 어떻게 매도해서 실제 내 수익으로 만들지 판단하는 능력이 무엇보다 중요합니다.

추천픽으로 수익 실현을 했다고 하더라도 무지성으로 산 결과라면 그 순간이 마냥 좋은 건 아니에요. 실제로 무지성 투자로 잠깐 수익을 봤다고 '어? 나 투자 좀 하는데?' 하며 어깨가 으쓱해지는 사람들을 많이 봤어요. 수익을 자랑하면 주변에서도 "B대리가 이번에 테슬라로 크게 벌었대. 고수야 고수!"라며 띄워주기 마련이지요.

이 스토리의 결말은 항상 똑같습니다. 초심자의 행운에 수익이 난 것을 자신의 실력으로 착각하고, 이후에는 별다른 공부 없이 더 큰돈을 투자하게 되죠. 또 그만큼 수익률이 날 것 같거든요. 심지어 주변에 나를 따라 사라며 추천까지 해줍니다.

하지만 처음에는 조금씩 수익이 나는 듯 보이다가도, 하락장이 오면 어쩔 줄 몰라 하며 물린 채 빠져나오지 못하거나 결국 손해로 마무리되는 경우가 많아요. B대리를 따라 투자한 사람들은 괜히 따라 샀다는 생각이 들고, 혹시 이상한 종목을 추천받은 건 아닌가 의심이 들기도 하죠. 하지만 결국은 스스로 결정한 투자였기에 화를 낼 수도 없고, 주식창에 가득한 파란불만 바라보며 한숨만 나오게 됩니다.

결론은 '추천 종목은 무조건 피하라'는 게 아니라, 어떤 종목이든 '충분히 알고서 투자하라'는 말이에요. 누군가 어떤 종목을 추천할 땐 그 이유도 들어보고, 관련 기사나 재무 상태도 확인해 보세요. 반대 의견도 찾아보면서 분석해보고 '내 기준에서 납득이 된다' 싶을 때 투자하는 것이 바람직합니다.

어떤 기준으로 주식을 골라야 할까요?

처음 투자하는 경우라는 이런 고민이 생기기 마련이에요.
"도대체 어떤 기준으로 주식을 골라야 할까?"
그래서 그 기준을 잡는 데 도움이 될 몇 가지 팁을 드릴게요.

1. 직장과 관련된 업계부터 살펴보세요.

직장인이라면 자신이 다니는 회사와 관련 업계의 시장을 누구보다 잘 알고 있을 거예요. 꼭 우리 회사가 아니더라도 경쟁사, 거래처, 원자재 공급업체, 고객사 등 다양한 관계를 맺고 있는 기업들에 주목해 보세요. 내가 종사하는 업종과 관련된 산업 전반을 살펴보는 거죠.

내가 일상적으로 접하는 산업은 다른 산업보다 이해도가 높기 때문에 투자 판단에도 도움이 될 거예요. 덤으로 회사에 관심도 갖게 되고 투자도 잘하게 되는 일석이조의 효과를 누릴 수 있어요.

2. 나의 관심사에서 시작하세요.

평소 관심 있고 좋아하는 분야에서 시작해 보세요. 예를 들어 저는 디즈니 특유의 순수한 감성을 좋아하는데, 디즈니에 대한 관심으로 시작해서 놀이공원 산업, 디즈니플러스와 같은 OTT 산업, 영화 산업 등으로 자연스럽게 관심이 확장되었어요.

단순한 소비자에서 그치는 것이 아닌, 이 회사의 지분을 나눠 갖는 투자자의 마음으로 세상을 바라보면 관련 기사가 나왔을 때 한 번 더 눈이 가게 되고 세상을 바라보는 시야가 점차 넓어질 거예요. 디즈니뿐만 아니라 햄버거를 좋아한다면 맥도날드부터 시작해서 딜리버리 산업, 식자재 유통, 부동산 산업까지 관심을 넓힐 수 있습니다.

모든 투자의 시작은 작은 관심이에요. 그 관심을 놓치지 않고 조금 더 깊이 들여다보고 넓혀가다 보면 투자 인사이트로 돌아온다는 것을 잊지 마세요.

3. 경제뉴스를 습관처럼 읽어보세요.

2장에서 경제에 대한 관심의 중요성을 이야기했었는데요, 경제뉴스를 하나둘 접하다 보면 자연스럽게 '요즘 이 기업이 자주 언급되네?', '정부가 이 산업을 밀어주는구나', '이쪽으로 트렌드가 흘러가고 있네' 등의 흐름이 보이기 시작해요. 그중 관심이 가는 분야가 있다면 내 것으로 잘 소화시켜서 투자해보는 것을 추천합니다.

다만 추천하는 쪽의 기사만 보지 마시고, 반대 의견도 꼭 찾아보세요. 반대 의견을 통해 몰랐던 리스크를 발견하거나, 그에 대해 충분히 납득하고 대응 논리를 만들 수 있다면 오히려 더 확신을 가지고 투자할 수 있을 거예요.

장기적으로 살아남는 투자자의 자세

주식은 결국 멘탈 싸움입니다. 하루아침에 분위기가 바뀌기도 하고, 심지어는 몇 시간 사이에 롤러코스터를 오가기도 해서 생각보다 마음이 쉽게 흔들려요. 그래서 심리 싸움, 멘탈 관리가 굉장히 중요한데요, 제가 주식 투자를 하면서 멘탈 관리하는 방법을 몇 가지 소개할게요.

1. 미련 금지, 트래킹 금지!

매도한 주식이 그 후로 올랐는지, 떨어졌는지 자꾸 확인하게 되죠? 하지만 매도한 주식이 더 오르나 떨어지나를 지속적으로 체크하지 않는 것을 추천해요. 매도했다면 과감히 관심 종목에서 삭제하세요.

사실 우리는 주식을 매도하고 나서 그 주식이 더 오르던 내리던 나와 상관이 없다는 것을 머리로는 잘 알아요. 근데 오르면 '괜히 팔았나?' 후회하게 되고, 떨어지면 뿌듯해하는 게 사람 심리이죠.

물론 자신의 판단을 객관적으로 돌아보고, 어떤 상황에서 오르고 떨어지는지 이유와 상황을 피드백할 필요는 있지만, 지나치게 집착해서 실시간으로 이게 오르는지 떨어지는지 보는 것은 정신 건강에 안 좋아요. 투자를 처음 시작하는 사람이라면 매도 후 최소 일주일간은 그 주식의 가격 추이를 살피지 않는 것을 추천합니다.

2. 종목 추천 단톡방 주의사항

길거리 한복판에서 세 사람이 갑자기 하늘을 뚫어져라 바라보고 있으면 어떤 일이 일어날까요? 길을 걷던 다른 사람들도 "뭐지? 하늘에 뭐가 있나?" 하며 슬쩍 고개를 들어 하늘을 쳐다보게 됩니다. 이건 실제로 뉴욕의 한 거리에서 심리학자 스탠리 밀그램(Stanley Milgram)이 진행한 유명한 사회심리 실험인데요, 연구진이 사람 수를 바꿔가며 하늘을 바라보게 했고, 흥미롭게도 단 3명만 있어도 지나가던 사람들의 행동에 영향을 주기 시작했다고 해요. 이처럼 사람은 본능적으로 다수의 행동을 신뢰하게 되고, 자신도 모르게 그 흐름에 동조하려는 성향이 있다는 걸 보여주는 실험이죠.

군중심리는 주식시장에서도 예외가 아닙니다. "요즘 다들 이 종목 샀대", "추천방에서 떴는데 이건 무조건 오를 거래", "내 친구는 이미 이걸로 몇 배 수익 봤대" 같은 말들이 들려오기 시작하면, 나도 모르게 혹할 수밖에 없어요.

하지만 곰곰이 생각해 보세요. 세상에 '무조건 오른다'는 종목이 정말 존재했다면, 그걸 추천하는 단톡방도 넘쳐났을 테고, 이미 많은 사람들이 부자가 되지 않았을까요?

그래서 저는 투자는 남들이 뭐라고 하던 흐린 눈, 흐린 귀를 장

착한 채 오롯이 나만의 기준과 신념을 가지고 가는 것이 정말 중요하다고 생각해요. 그래야 혹시 결과가 기대와 다르게 나왔을 때도 덜 후회하고, 나만의 피드백을 통해 같은 실수를 반복하지 않게 되거든요. 이 과정을 통해 나만의 투자 실력이 쌓이고, 점점 성공 확률이 높아지는 거고요.

이런 의미에서 종목 추천방은 비추천하는 것 중 하나예요. 실제로 일부 단톡방에서는 사람들을 유도해 주식을 매수하게 만들고, 가격이 오르면 본인들만 매도해 수익을 챙기는 사례도 있습니다. 이런 경우 우리는 그저 가격을 떠받쳐주는 '호구'가 되기 쉽죠. 내가 힘들게 모은 소중한 돈을, 그런 불순한 의도를 가진 사람들에게 맡길 순 없잖아요. 그래서 저는 언제나 강조해요. "투자는 내가 알고 하는 것. 모르면 알게 될 때까지는 하지 않는 것"이라고요.

또 다른 문제점은 이런 종목 추천 단톡방에 있다 보면 정보에 과도하게 노출되어 조급한 마음이 들기 쉽다는 거예요. "이번이 진짜 마지막 기회다", "이 종목 들고 있으면 나락 간다"와 같은 자극적인 소식과 여기에 대한 사람들의 반응에 실시간으로 노출이 되다 보면 '나도 얼른 저거 사야 되나, 가만히 있다가 바보 되는 거 아니야?', '다들 이 종목 파는 분위기인데 나도 팔아야 되나?'와 같은 조급한 마음이 들게 되고, 그 불안과 흔들림은 투자에 독이 됩니다.

'사공이 많으면 배가 산으로 간다'는 속담이 있죠. 의견이 너무 많으면 누구의 말을 들어야 할지 몰라서 결국 배가 가야 할 곳으로 가지 않고 엉뚱한 산으로 간다는 뜻이에요. 내가 탄 배에 파도가 쳐서 물이 좀 찰 수는 있지만, 고기를 잡으려면 배는 바다에 있어야지 산으로 가 있으면 안 됩니다.

여러분이 직접 운전하는 투자라는 배, 부디 방향키는 남이 아닌 자신이 쥐고 있길 바랄게요. 신호에 휘둘리기보다 나침반을 믿고 나아가는 것. 그게 장기적으로 살아남는 투자자의 자세가 아닐까요?

공모주 투자로 매달 5~20만 원 수익 내기

주식 투자의 다양한 방법 중 '공모주 투자'가 있습니다. 저는 매달 공모주 투자를 통해 5~20만 원 정도의 쏠쏠한 수익을 얻고 있어요.

공모주란, '공개적으로 모집하는 주식 청약'을 의미하며, 쉽게 말해 '회사가 주식시장에 상장할 예정인데, 우리에게 투자할 분들을 공개적으로 모집합니다'라는 뜻이에요. 현재 시장에서 활발히 거래되고 있는 기존 주식들과 달리, 새로운 기업이 처음으로 주식 시장에 이름을 올리는(상장) 과정에서 발행되는 주식입니다.

거창한 설명에 비해 생각보다 간단한 방법인데요, 8단계의 전체 흐름을 한 번만 제대로 이해하고 나면 공모주 청약을 처음 해보는 사람도 5분도 안 걸려서 투자할 수 있을 거예요. 어려울 것 없으니 저랑 같이 찬찬히 시작해봐요.

STEP 1 증권사 계좌 개설하기

가장 먼저 공모주 청약을 주관하는 증권사 계좌를 만들어야 합니다. 공모주 청약은 아무 증권사에서나 할 수 있는 게 아니고, 각 기업마다 청약을 담당하는 '주관사' 증권사가 따로 정해져 있어요. 주관사는 한 곳일 수도 있고, 여러 증권사가 공동으로 참여할 수도 있고요.

주관사를 확인하는 방법은 네이버 증권이나 기타 금융 정보 플랫폼에서 '국내 증시 → IPO(기업공개)' 메뉴를 통해서 가능한데요, 앞으로 상장 예정인 기업 정보와 해당 기업의 공모주 청약을 주관하는 증권사(주관사) 정보를 확인할 수 있습니다.

여기서 꿀팁은 공모주 청약 당일에는 계좌 개설이 불가능한 증권사도 있으므로, 미리 여러 증권사의 계좌를 개설해두는 거예요. 또한 여러 증권사가 공동으로 한 기업의 공모주를 주관하는 경우, 증권사마다 배정받는 주식 수가 다르고, 이에 따라 경쟁률이 달라지기 때문에 첫날의 경쟁률을 확인해보고 둘째 날 경쟁률이 더 낮은 증권사를 통해 청약하는 전략도 효과적인 방법입니다.

STEP 2 수요예측 확인하기

공모주의 가격은 기업과 상장 주관사가 희망 가격 범위를 제시하고, 이 가격을 기준으로 우선 청약 기회를 갖는 기관투자자들의 수요를 파악해 최종 결정됩니다. 이때 기관투자자들이 제시한 가격과 신청 수량을 종합하여 최종 공모 가격을 확정하는데, 이 과정을 '수요예측'이라고 해요. 쉽게 말하면 기관투자자들이 '이 가격이면

이 정도 사고 싶어요'라고 제시한 가격과 수량을 종합해서 최종 공모가를 결정하는 과정입니다.

따라서 기관투자자들의 수요예측 결과를 파악하는 것이 매우 중요해요. 수요예측 결과를 보면, 기관들이 적극적으로 참여했는지, 희망가격의 상단에 몰렸는지 하단에 몰렸는지, 경쟁률이 얼마나 높은지 등의 정보를 알 수 있어서, 이 주식이 얼마나 인기 있는 공모주인지 가늠할 수 있거든요.

STEP 3 청약 증거금 준비하기

공모주 청약 가격이 확정되면 이제 개인 투자자들의 공모주 청약이 시작됩니다. 이때 '청약 증거금'이라는 돈을 미리 계좌에 준비해 둬야 해요.

청약하고자 하는 공모주의 가격과 주식 수의 50% 금액을 미리 준비하여 증권사 계좌에 입금해두면 되는데요, 예를 들어 공모가가 2만 원이고 10주를 청약하고 싶다면, 계좌에 10만 원(2만 원×10주×50%)만 있으면 청약 신청이 가능해요.

※ 나머지 50%는 배정 확정 후 납입되며, 배정이 안 될 경우 증거금은 전액 환불됩니다.

STEP 4 균등배정과 비례배정 이해하기

과거에는 개인 투자자에게 할당되는 공모주 물량이 전체의 20%에 불과했고, 대부분 청약 증거금을 많이 넣은 순서대로 배정하는

'비례 방식'으로 진행되었어요. 이로 인해 인기 있는 공모주는 주식 1주를 받기 위해 수억 원의 증거금을 넣어야 하는 과열 현상이 발생하기도 했고, 많은 일반 투자자가 주식을 전혀 배정받지 못하는 경우가 많았습니다.

이러한 문제를 개선하고 더 많은 개인 투자자에게 공모주 청약 기회를 제공하고자 제도가 개정되었는데요, 현재는 개인 투자자에게 할당되는 물량의 50% 이상을 '균등배정 방식'으로 배정하도록 의무화하고 있어요. 그래서 '소액으로도 공모주에 도전해볼 수 있는 시대'가 된 거죠. 그럼 균등배정과 비례배정이 무엇인지 하나씩 자세히 알아볼게요.

균등배정: 소액 투자자도 참여 가능한 방식

균등배정은 청약에 참여한 모든 개인 투자자에게 동일한 수량을 배정하는 방식입니다(N분의 1). 예를 들어 균등배정 물량이 50주이고 50명이 청약 신청을 했다면 1인당 1주씩 배정되는 것이죠. 하지만 청약 신청자 수가 많아 50주 물량에 100명이 신청하는 형태가 된다면 0.5만큼 받을 수 없으니 50%의 확률로 누군가는 1주, 누군가는 0주를 배정받게 되는 거예요.

이런 원리로 인해 최소수량(보통 10~20주)으로 균등신청을 하면 일반적으로 0~3주 내외의 주식을 배정받을 수 있어요. 균등배정은 최소 청약 증거금만 있으면 참여가 가능하여 소액 투자자에게 유리한 방식입니다.

비례배정: 증거금이 많을수록 유리한 방식

균등배정 이후 남은 물량은 비례배정 방식으로 나눠져요. '비례배정'은 청약 신청 수량(납입한 증거금의 크기)에 비례하여 주식을 배정하는 방식입니다. 만약 총 50주에 대해 50명의 투자자가 총 5000주를 신청했다면 경쟁률은 100:1이 되며, 이 경우 100주를 신청한 투자자에게 1주가 배정되는 방식인 거죠.

공모가가 10만 원이라면 1주를 배정받기 위해 100주를 신청해야 하고, 이때 필요한 증거금은 500만 원(10만 원×100주×50%)이 됩니다. 이렇게 많은 증거금을 납입하고 신청 수량에 비례하여 배정받는 방식이 비례배정이에요. 그래서 비례배정은 여유자금이 많은 투자자에게 유리합니다.

STEP 5 청약 신청하기

이제 본격적인 청약 단계입니다! 준비된 청약 증거금을 증권사 계좌에 입금한 후, 해당 증권사의 모바일 앱에 접속하여 '공모주' 메뉴를 통해 원하는 수량을 입력하고 '청약 신청'을 진행하면 됩니다. 청약 신청은 보통 이틀간 진행되며, 첫날 경쟁률을 보고 둘째 날에 신청하는 전략도 추천드리니 참고하세요.

STEP 6 환불금 확인하기

청약 신청을 완료했다고 해서 신청한 모든 주식을 배정받는 건 아니기 때문에 남는 금액은 환불됩니다. 20주를 청약했지만 2주만

배정됐다면? 나머지 18주에 해당하는 청약 증거금은 자동으로 환불되는 거죠. 특히 균등배정으로 최소 수량만 신청한 경우 주식을 전혀 배정받지 못하고 전액 환불될 수도 있어요. 환불일은 보통 청약 마감일 +2~3영업일 후 증권사 계좌로 들어오니, 환불금 입금은 꼭 확인해 보세요.

STEP 7 상장일 확인하기

공모주를 배정받았다면 이제 해당 기업이 주식 시장에 상장하는 날을 기다립니다. 상장 당일 오전에 배정받은 공모주가 증권사 계좌에 입고될 거예요.

상장 당일에는 공모가 대비 최대 300%까지(공모가의 4배) 가격이 상승하는 등 주가 변동성이 매우 클 수 있습니다. 이렇게 상장 첫날 주가가 급등하는 것을 보고 추가 매수를 고려하는 투자자들도 많아요. 하지만 상장 초기에는 주가 변동성이 크고 급락할 위험도 있으므로, 추가 매수를 고려한다면 어느 정도 주가가 안정된 이후에 신중하게 결정하는 것을 추천할게요.

STEP 8 매도 및 수익 실현

배정받은 공모주를 언제 매도할지는 투자자 본인의 판단에 달려 있어요. 상장 당일 바로 매도하여 수익을 확정할 수도 있고, 해당 기업의 성장 가능성이 높다고 판단되면 장기 보유를 선택할 수도 있죠.

최근 공모주 시장이 활발해지면서 청약 전 기업 분석을 충분히 한다면 상장 당일 수익 실현을 하기가 비교적 용이해졌습니다. 다만, 새로 상장된 주식은 초반에 급등했다가 하락하여 손해를 보는 경우도 적지 않으므로, 공모주 투자는 장기 보유를 위한 종목 선정보다는 '상장'이라는 이벤트를 활용하여 단기적인 시세 차익을 꾸준히 얻는다는 관점으로 접근하는 것이 좋을 것 같아요.

좋은 공모주 고르는 기준

공모주 투자가 수익을 낼 수 있는 기회인 건 맞지만, 모든 공모주가 다 좋은 투자처는 아닙니다. 따라서 모든 공모주에 무턱대고 투자하는 것은 위험해요. 그건 스스로 판단하지 않는 무지성 투자와 다름없어요. 투자 전 해당 기업이 어떤 사업을 하는지, 속한 산업의 전망은 밝은지 등을 꼼꼼히 살펴보는 것이 중요하고, 다양한 정보를 바탕으로 자신만의 판단 기준을 세우는 과정을 거쳐야 합니다.

공모주 투자를 결정하기 전에 참고하면 좋은 주요 지표 몇 가지를 선별했으니 참고하면 도움이 될 거예요.

1. 기관 경쟁률이 높은가?

기관투자자의 청약 경쟁률이 1000:1 이상이면 관심 가져볼 만해요. 이는 기관들이 해당 기업의 가치를 긍정적으로 본다는 신호이기 때문이죠. 특히 IT, 바이오, 플랫폼 기업 등 미래 성장성이 높은 업종은 주목받는 경우가 많아요.

2. 공모가가 밴드 상단, 혹은 그 이상으로 확정됐는가?

공모가는 기업이 제시한 희망 가격 범위(밴드, 예: 1~2만 원) 중 어디에 결정되느냐에 따라 시장 기대감이 달라져요. 보통 '밴드 상단' 혹은 그 이상으로 확정되면, 기관들이 해당 기업의 가치를 당초 예상보다 더 높게 평가하고 있음을 의미하죠. 수요예측 결과를 통해 어느 가격대와 비율로 가격이 정해졌는지 확인해 보세요.

3. 의무보유 확약비율이 높은가?

공모주의 급락을 막기 위해 기관투자자들은 상장 후 일정 기간 동안 주식을 팔지 못하고 의무적으로 보유해야 합니다. 사전 청약 시 상장사는 의무보유기간을 길게 잡는 기관투자자에게 더 많은 주식을 배정하기 때문에, 기업의 가치를 크게 보는 기관들이 의무보유기간을 길게 선택하고 공모주를 배정받게 되겠죠. 따라서 의무보유기간도 길고 확약 수량이 많다면, 기업의 성장 가능성을 긍정적으로 볼 수 있어요.

4. 상장 당일 유통가능 주식비율이 낮은가?

상장 당일 매도 불가능한 주식을 제외하고 남은 주식의 비율을 의미합니다. 상장일에 매도 가능한 주식이 적을수록 매도하는 투자자가 줄어들어 주가의 하락을 방어할 확률이 높겠죠?

지금까지 공모주 투자를 처음 시작하거나, 공모주 청약 절차가 낯선 분들을 위해 공모주가 무엇인지와 어떤 순서로 청약이 되는지에 대해 알아보았는데요, 공모주 투자를 시작하기에 충분한 내용이니 꼭 차근차근 따라 해보세요. 언제나 강조했듯이 '직접 경험'해본 후 자신에게 잘 맞는다고 느껴지면 심화 내용을 학습해 나가면 됩니다.

 공모주 수요예측 확인하는 법

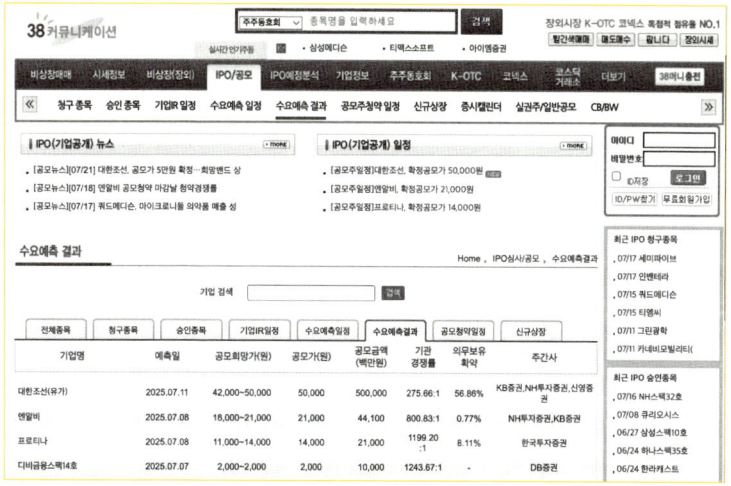

공모주 수요예측 결과 확인

출처: 38커뮤니케이션 사이트

사이트 '38커뮤니케이션'에서 'IPO/공모'에 들어가면 최신 공모주들의 수요예측 결과로 기관 경쟁률, 의무보유 확약비율 등 중요한 정보를 상세하게 확인할 수 있어요.

03

현실 기반 부동산 투자 입문

이제 제가 좋아하는 부동산 이야기를 해볼까요?

20대에 20억이라는 자산을 만드는 데 결정적인 역할을 한 것이 바로 부동산 투자였어요. 그만큼 부동산은 잘만 투자하면 자산을 불리는 데 아주 강력한 무기가 될 수 있답니다.

무엇보다 부동산은 단순히 숫자로만 표현되는 재산이 아니라, 우리 삶의 안정성과 직결되는 중요한 자산이에요. 집은 우리가 매일 머무는 공간이자, 누구에게나 꼭 필요한 삶의 기반이니까요.

또한 부동산은 주식처럼 하루아침에 휴지조각이 될 위험이 적은 '실물 자산'이라는 점도 큰 장점이에요. 시간이 지나도 본질적인 가치를 유지하는 경우가 많고, 땅은 한정된 자원이기 때문에 장기적으로는 가치를 회복하거나 오히려 더 오를 가능성이 크죠. 특히 정부가 경제를 활성화하기 위해 돈을 많이 풀면(유동성 확대 정책), 화폐 가치는 하락하고 상대적으로 부동산의 가치는 올라가는 현상이 나타나기도 합니다.

부동산의 또 다른 매력은 '보유'만 하는 자산이 아니라는 점이에요. 주택을 임대해 월세 수익을 얻거나, 시간이 지나며 시세가 오르면 자산이 자연스럽게 불어나는 효과도 기대할 수 있죠. 그래서 저는 부동산이야말로 장기적인 재테크 전략에 잘 어울리는 자산이라고 생각해요.

게다가 부동산을 잘 활용하면 레버리지, 즉 대출을 이용한 자산 확대 전략도 가능한데요, 저 역시 이 전략을 통해 자산을 단계적으로 키워나갔습니다. 물론 대출에는 늘 리스크가 따르기 때문에 철저한 계산과 계획이 필요하지만, 레버리지를 잘 활용하면 월급만으로는 절대 만들 수 없는 자산의 성장을 경험할 수 있어요.

부동산 공부를 시작하면 좋은 점이 많아요. 정부 정책이나 경제 뉴스에 자연스럽게 관심이 생기고, 전체적인 경제 흐름을 읽는 눈도 키울 수 있어요. 제 경험상 처음에는 어렵게 느껴질 수 있지만, 차근차근 공부하다 보면 어느 순간 굉장히 재미있고 흥미롭게 느껴지더라고요.

결국 부동산 투자는 단순히 집을 사고파는 일이 아니라, 내 삶을 더 안정적으로 만들고, 미래를 준비하는 하나의 방법이에요. 특히 지금처럼 월급만으로는 내 집 마련이 점점 어려워지고 있는 시대에는, 조금이라도 일찍 부동산 공부를 시작하는 것이 결국 '나의 선택지를 넓히는 힘'이 되어줄 거라고 저는 믿습니다.

부동산 공부는 어떻게 시작하면 좋을까요?

모든 투자에는 상승장과 하락장이 있듯이, 부동산 투자 역시 가장 중요한 건 시장을 이해하고 철저하게 준비하는 거예요. 무작정 뛰어들기보다는 기초 지식을 쌓고 직접 경험하면서 실력을 키우는 게 훨씬 중요해요. 저도 처음엔 막막했지만, 하나하나 공부하고 실행해가며 저만의 감각을 만들어 나갔답니다.

1. 부동산 관련 책과 콘텐츠 활용하기

기초 지식을 쌓기 위해서는 책을 읽는 게 첫걸음이에요. 부동산의 개념, 투자 전략, 법률적인 부분까지 폭넓게 다룬 책들을 통해 탄탄한 기반을 만들어 보세요. 특히 성공한 투자자들의 실제 경험담이 담긴 책은 실전 감각을 익히는 데 큰 도움이 됩니다.

요즘은 유튜브, 블로그, 온라인 강의 등 정보 채널이 다양해졌기 때문에 관심 있는 분야부터 가볍게 들어보는 것도 좋은 출발이 될 거예요.

2. 직접 현장 방문하기(임장)

책으로 공부하는 것도 중요하지만, 실제로 현장을 방문해 보는 게 더 효과적이에요. 지역마다 부동산 시장은 천차만별이기 때문에, 직접 임장을 나가서 교통 여건, 생활 인프라, 주변 시세, 개발 계획 등을 두 눈으로 확인해보는 게 중요합니다. 혼자 가는 게 부담스럽다면 부동산에 관심 있는 친구와 함께 가거나, 임장 관련 강의에 참여해보는 것도 좋아요. 실제로 발로 뛰면서 다양한 매물을 비교해보면 시장 감각이 훨씬 빨리 길러질 거예요.

또 한 가지 팁은 부동산 중개업소에 자주 들러 소장님과 친분을 쌓는 것! 급매물이 나왔을 때 발 빠르게 정보를 얻을 수 있고, 실거래 분위기나 지역 상황에 대한 '현장감 있는 이야기'도 들을 수 있거든요. 부동산 방문은 시작이 어렵지, 막상 시작하고 나면 그 이후는 술술 풀린답니다.

3. 이론과 실전 경험 병행하기

이론만으로는 실력이 느는 데 한계가 있어요. 직접 청약에 도전하거나 급매, 경매 등을 시도하면서 경험을 쌓는 것이 중요해요. 직접 투자하기 부담스럽다면 가상의 투자 포트폴리오를 만들어 특정 지역의 변화를 분석해보는 것도 좋은 연습이 될 수 있어요. 부동산 카페나 커뮤니티에 가입해서 실전 경험이 풍부한 투자자들의 의견을 듣는 것도 큰 인사이트가 됩니다.

청약을 시도하면서 모델하우스를 다녀오는 것도 실전 감각을 키우는 데 좋아요. 직접 가보면 아파트 구조, 자재, 브랜드별 특징 등을 비교하며 눈을 키울 수 있거든요. 부동산 소장님과 약속을 잡고 아파트를 보러 다니는 게 아직 부담스럽다면 모델하우스부터 둘러보는 것으로 시작해 보세요.

저도 남자친구와 모델하우스 데이트를 자주 했었는데, 평형별로 느낌이 어떻게 다른지, 요즘 아파트 구조나 트렌드는 어떤지 파악하는 데 도움이 정말 많이 되었어요. 서로의 주거 스타일과 취향을 알 수 있는 좋은 데이트가 되는 것은 덤이고요. 결혼을 고민하는 커플이라면 꼭 한 번쯤 해보시길 추천해요. 재테크와 데이트를 동시에 할 수 있는 꿀조합이랄까요?

4. 부동산 뉴스와 정부 정책 체크하기

시장 흐름을 읽는 감도 꼭 필요합니다. 부동산 시장은 정부 정책, 금리 변화, 세금 제도에 따라 민감하게 반응해요. 경제뉴스와 정부의 규제 변화를 지속적으로 확인하면서 대출 규제나 세금 정책이 시장에 어떤 영향을 미치는지 분석하는 습관을 들이면 나중에 투자 결정을 내릴 때 훨씬 더 유리해질 거예요.

특히 금리 변화도 중요한 요소예요. 금리가 오르면 대출 부담이 커져서 부동산 시장이 침체될 가능성이 높고, 반대로 금리가 내리면 부동산 수요가 증가하고 가격이 오를 가능성이 높아지죠. 이처럼 부동산은 단순한 지역 단위의 이슈가 아니라, 경제 전체 흐름과도 연결되어 있다는 점을 기억해 주세요.

5. 부동산 공부를 놀이처럼 즐기기

처음에는 공부라는 생각에 부담스럽게 느껴질 수 있지만, 놀이나 여행처럼 접근하면 훨씬 즐겁게 배울 수 있어요. 예를 들어 특정 지역의 아파트 가격이 어떻게 변할지 예상하고 몇 달 뒤 실제 결과를 확인해볼 수도 있고, 새로운 지역에 임장을 갈 때 '탐험'처럼 생각하고 가는 것도 꽤 재미있어요.

저는 임장 지역을 정하고 나면 꼭 근처 맛집을 찾아두는데, 그러다 보면 맛집 지도가 확장되기도 하고 그 동네를 기억하기도 더 쉽더라고요. '아, 맞아. 거기는 타코가 참 맛있는 동네였는데!' 하면서 임장을 간 날 기억이 자연스레 떠오르는 좋은 효과가 있어요. 또 혼자보다는 함께할 메이트가 있으면 더 즐겁고 동기부여도 될 거예요.

현실적인 부동산 투자 방법

1. 내 집 마련을 위한 입지분석, 지역 선정법

부동산 투자는 주택, 토지, 상가 등 다양한 분야가 있지만, 가장 안정적인 시작은 내가 거주할 집을 마련하는 거예요. 내 집을 소유하면 심리적인 안정감을 얻을 수 있고, 장기적으로 자산 가치 상승도 기대할 수 있죠. 내 집 마련은 단순히 주거 안정뿐만 아니라, 장기적인 투자 관점에서도 중요한 의미가 있습니다.

지역 선정 기준

내가 가능한 금액 내에서 가장 좋은 아파트를 사는 것이 핵심입니다. 가격에 맞춰서 아무 집이나 사면 절대 안 돼요. 입지를 고려하지 않고 매수를 하면 나중에 잘 팔리지도 않는 애물단지가 되어 골칫거리가 될 수 있으니 최소한 다음 조건들은 꼭 고려하세요.

- ✔ 세대수(1000세대 이상)
- ✔ 교통이 편리한 곳(지하철, 버스, 도로망 고려)
- ✔ 초등학교, 상권, 직장 접근성
- ✔ 인프라 및 생활 편의시설이 잘 갖춰진 곳(마트, 병원 등)

내 집 마련, 어떤 순서로 시작할까요?

① 원하는 지역, 평형, 가격대 정하기
② 나만의 우선순위 정하기(직장과의 거리, 학군, 연식, 가격 등)
③ 지속적으로 시장 흐름 트래킹하기
④ '완벽한 집은 없다'는 것을 인정하기(모든 게 마음에 드는 집을 사려고 하면 결국 집을 못 삽니다.)
⑤ 기회가 왔을 때 놓치지 않기

익숙한 곳부터 시작하세요

첫 부동산 투자 공부는 익숙한 지역부터 시작하세요. 과거 살았던 동네, 현재 살고 있는 동네, 직장 근처, 미래에 살고 싶은 동네 중에서 선택하는 것이 좋아요. 익숙한 곳과 처음 보는 곳은 정말 다릅니다. 그 동네를 잘 아는 사람만 아는 분위기와 수요 흐름이 있거든요.

동네에 몇 달만 살다 보면 타지 사람들은 알 수 없는 분위기를 자연스레 읽게 돼요. 예를 들어 겉보기에는 번화한 상권 같은데 실제로는 유동인구가 없어 가게들이 금세 망하고 자주 바뀐다든지, 이 아파트가 더 좋아 보이지만, 사실 옆 아파트가 인기가 더 많은데 그 이유는 무엇인지 등을 알 수 있게 됩니다. 또한 지역의 특징과 개발 호재에도 눈이 트이게 되면서 적절한 시세에 대한 감각도 길러지고요. 때문에 이렇게 잘 아는 지역부터 시작하는 것은 부동산 투자 안목을 기르고 첫 투자를 실패하지 않는 데에 정말 큰 도움이 될 거예요.

아직 결혼도 안 하고, 아이도 없는데 학군이 중요할까요?

아직 결혼을 하지 않았고 아이가 없어도 '학군'은 여전히 중요한 요소예요. 그 집에서 평생 살 게 아니라면, 결국 언젠가 되팔거나 임대를 놓아야 할 수도 있기 때문이죠.

부동산은 본질적으로 '상품'이에요. 상품은 수요가 많을수록 더 잘 팔리고, 더 좋은 가격을 받을 수 있어요. 그런 면에서 자녀가 있는 가족의 수요를 고려한다면, 학군은 중요한 판단 기준이 됩니다.

'맹모삼천지교(孟母三遷之敎)'라는 말이 있듯이, 부모들은 아이에게 더 나은 교육 환경을 제공하기 위해 기꺼이 학군이 좋은 지역으로 이사를 결심해요. 요즘 출산율이 낮아지고 있는 건 사실이지만, 오히려 자녀수가 줄어들수록 아이에게 더 좋은 환경을 만들어

주려는 경향이 강해지고 있어요.

하지만 또 그렇다고 해서 학군이 무조건 1순위가 되어선 안 돼요. 지금은 '내가 거주할 집'을 마련하는 시점이기 때문에 '투자 목적'이 너무 앞서서 내가 원하는 생활환경이나 거주 만족도를 놓치지 않도록 균형 잡힌 시선이 필요합니다.

같은 조건이라면 초등학교가 가까운 '초품아(초등학교를 품은 아파트)', 학업 성취도가 높은 지역을 선택하는 것이 분명 유리하긴 해요. 하지만 당장 자녀가 없고 학군의 직접적인 수혜를 받을 입장이 아니라면, 무리하게 학군을 기준으로 다른 중요한 요소(출퇴근 거리, 주변 환경, 가격 등)를 희생하지 않는 게 좋습니다. 정리하면 다음과 같아요.

① 지금은 '내가 살 집'을 기준으로 우선순위를 세우되,
② 매도하거나 임대할 때의 경쟁력까지 고려해 학군을 '보조 지표'로 참고하는 전략이 현명해요.

2. 청약, 분양권 도전하기

청약은 시세보다 저렴한 가격에 새 아파트를 마련할 수 있는 흔치 않은 기회예요. 특히 무주택자이면서 청약 가점을 전략적으로 관리하고 있다면, 좋은 입지와 조건의 아파트를 합리적인 가격에 분양받을 수 있어요. 물론 경쟁률이 높고 당첨이 쉽지는 않지만, 꾸준히 관심을 가지고 자신에게 유리한 조건(특별공급 등)을 공략하면

당첨 가능성을 높일 수 있어요.

분양권은 아파트가 완공되기 전 단계에서 사고팔 수 있는 '입주할 권리'를 말해요. 분양권 매매는 일반적으로 중도금 납부 중인 시점에 이뤄지고, 초기 분양가가 저렴하고 입지가 좋다면 입주 전에 이미 시세 차익이 발생하기도 해요.

청약과 분양권 투자의 가장 큰 장점은 시세보다 저렴한 분양가로 확정 수익구조를 기대할 수 있다는 점과, 계약금은 보통 분양가의 10% 수준이고 중도금은 대출로 납부하는 경우가 많아 레버리지가 가능하다는 점이에요. 다만, 청약과 분양권 투자 시에는 전매 제한 규정과 세금 문제를 꼼꼼하게 확인해야 할 필요가 있어요. 특히 자신의 주택 보유 현황, 대출 조건, 세금 상황 등을 반드시 고려해서 계획을 세워야 합니다.

3. 급매 투자

급매는 집주인이 자금 사정 때문에 시세보다 저렴한 가격으로 매물을 내놓는 경우예요. '급한 집주인과 준비된 투자자'의 거래라고 할 수 있죠. 이러한 물건을 찾으려면 평소 꾸준히 시장을 모니터링하고, 부동산 중개사와 좋은 관계를 유지하는 게 중요해요. 조건이 좋은 급매는 '찰나의 기회'이기도 하니까요.

급매 잡는 실전 팁

✔ 평소 꾸준한 임장을 통해 원하는 지역과 매물을 미리 정해두기

- ✓ 부동산 중개사에게 "정말 사고 싶은데, 급매가 나오면 연락 달라"고 지속적으로 어필하기
- ✓ 해당 동네와 부동산 사무실을 꾸준히 방문하고 연락하며 관계 형성하기
- ✓ 자신을 특정 키워드로 인식시키기(신혼부부, ○○회사 다니는 직장인 등)
- ✓ 자금을 빠르게 동원할 수 있도록 준비해두기

급매는 이미 가격이 낮게 나온 매물이라 가격 협상이 어려울 거라고 생각할 수 있지만, 오히려 주인이 급한 상황이라 협상이 더 잘 될 수도 있어요. 제가 청주 지역 아파트를 매도할 때도 이미 급매로 올려두었지만 그 가격에서 500만 원을 더 저렴하게 팔았던 걸 생각해보면, 급한 사람은 어쩔 수 없는 것 같기도 해요.

여러분도 급매 거래를 할 때 이사 비용 명목으로 100~500만 원 정도 추가 협상을 꼭 시도해 보세요. 또한 이런 협상의 역할은 부동산 중개사가 훨씬 능숙하기 때문에 중개사에게 잘 조율해 달라고 요청하는 것도 아주 중요합니다.

4. 경매 투자

경매는 '채무자가 빚을 못 갚아서 나온 부동산'이 법원 경매를 통해 매각되는 방식이에요. 이런 물건들은 시세보다 훨씬 저렴한 가격에 낙찰되는 경우가 많아서, 잘만 활용하면 단번에 수천만 원

에서 억 단위의 시세 차익을 얻을 수 있는 기회가 되기도 해요.

그래서 경매에 관심을 갖는 투자자들이 점점 늘어나고 있고, 실제로 저 역시 경매 공부에 많은 시간을 들였어요. 하지만 장점만 보고 덜컥 뛰어들기에 경매는 일반 매매와는 전혀 다른 특수한 투자 방식이라는 걸 꼭 기억해야 해요.

특히 경매는 '권리 분석'과 '명도'라는 고유의 리스크가 존재합니다. 예를 들어 겉보기엔 깨끗한 아파트처럼 보여도, 등기부등본에는 드러나지 않는 전입 세대나 전세보증금 반환 문제가 숨어 있을 수 있어요. 또 낙찰 후 기존 거주자와의 협의(명도)가 순조롭게 되지 않는다면, 퇴거에 드는 시간과 비용이 생각보다 큰 경우도 있습니다.

간혹 감정가보다 훨씬 싸게 낙찰됐다고 좋아하다가, 그 안에 숨은 문제들을 뒤늦게 발견해 고생하는 경우도 적지 않아요. 그래서 경매를 생각한다면, 무작정 뛰어들기보다는 시스템 자체를 정확히 이해하고, 실전 감각을 쌓는 것이 먼저예요.

개인적으로 저는 '부동산 투자'에 있어 '경매는 당장 참여하지 않더라도 반드시 알고 있어야 하는 투자 방식'이라고 생각해요. 경매는 단순히 싼 가격에 집을 사는 게 아니라, 부동산의 진짜 가치를 꿰뚫어보는 눈을 길러주기 때문이죠.

특히 급매 물건이 나왔을 때 그 가격이 정말 '급매' 수준인지, 얼마나 투자 가치가 있는 가격인지 파악할 수 있는 시세 감각과 판단력이 생겨요. 그래서 한번 경매 시스템을 익혀두면, 부동산 투자 전반에 적용할 수 있는 강력한 무기가 됩니다.

꼭 직접 경매에 입찰하지 않더라도, 경매라는 시스템을 이해하고 있느냐 아니냐는 결국 투자자의 실력 차이로 이어집니다. 급매를 잡는 타이밍도 빨라지고, 거래에 있어서도 더 자신감 있게 협상할 수 있거든요.

실제로 제가 투자한 아파트 중 몇 채는 '경매로 낙찰받은 것은 아니지만, 경매를 공부했기에 빠르게 판단하고 결정할 수 있었던 물건'이었어요. 겉보기에는 평범해 보였지만, 임장과 분석을 통해 시세 대비 저렴한 매물임을 알아볼 수 있었고, 이게 가능했던 건 경매 공부로 키운 감각 덕분이었죠.

추천 경매 공부 단계

경매 공부를 어디서부터 시작해야 할지 막막하다면, 우선 쉬운 책으로 시작하세요. 관심이 생기면 관련 강의도 들어보고, 법원 견학도 다녀보며 감을 익히는 걸 추천해요.

하지만 시중에 있는 경매 책들은 대부분 초보자가 이해하기 어렵기 때문에, 초반에 너무 어려운 책을 만나면 쉽게 포기해버리는 경우가 많아요. 이런 고민을 해결하기 위해 단계별 책 추천을 준비했습니다!

입문: 《나는 돈이 없어도 경매를 한다》 이현정 저
쉽고 가볍게 경매가 무엇인지 개념을 잡기 좋은 책이에요.

초급: 《경매 권리분석 이렇게 쉬웠어?》 박희철(파이팅팔콘) 저
등기부등본 보는 법, 말소 기준권리, 임차인 대항력 등 꼭 알아야 할 내용을 다룹니다.

중급: 《경매대마왕 반드시 부자 되는 투자의 소신》 심태승 저
실제 낙찰 사례를 중심으로 실전 감각을 키워주는 책이에요.

고급: 《송사무장의 부동산 경매의 기술》 송희창 저
진짜 실전에 가까운 스토리와 전략이 담긴 책으로, 어느 정도 감이 잡힌 후에 보면 많은 걸 배울 수 있어요.

책을 보며 기초를 다졌다면, 그다음으로는 실제 법원 경매 사이트(대법원 경매정보)에서 물건 검색도 해보고, 가능하다면 법원 경매 현장을 직접 가보는 걸 강력 추천해요. 처음엔 그냥 구경만 하더라도 분위기와 절차를 눈으로 보는 것 자체가 정말 큰 도움이 된답니다.

또한 요즘은 오프라인 경매 스터디 모임이나 유튜브 강의도 잘되어 있어서, 실전 감각을 빠르게 익히기 좋아요. 여러 사람들의 실제 경험을 들으며 실수를 줄일 수 있고, 혼자 공부할 때보다 동기부여도 잘될 거예요.

결론: 부동산 투자는 장기적인 관점에서 접근하세요

처음 내 집 마련을 준비할 때 누구나 완벽한 집을 찾고 싶어 해요. 지금까지의 소비 중 가장 큰돈과 시간을 들이는 것이기에 완벽한 집을 고르고 싶은 욕심이 들기 마련이에요. 저도 마찬가지였고요.

하지만 부동산은 '완벽'을 기준으로 접근하면 오히려 기회를 놓치기 쉽습니다. 따라서 지금 내가 감당할 수 있는 범위 안에서 '최선의 선택'을 하는 것이 중요해요.

직장과의 거리, 생활 인프라, 향후 시세 차익 가능성, 나의 자금 여력 등 나만의 우선순위를 정하고, 그 기준에 맞춰 선택하세요. 그리고 한 번의 선택이 인생을 좌우한다는 부담은 내려놓아도 돼요. 투자든 실거주든, 우리는 앞으로도 계속해서 '더 나은 선택'을 이어갈 수 있거든요.

부동산은 단기 투기가 아니라, 내 삶과 자산을 단단히 만들어가는 장기 여정이에요. 처음이 어렵고 낯설 뿐 꾸준히 시장을 공부하고 발품을 팔다 보면 어느새 감이 생기고, 기회를 읽는 눈도 생깁니다. 그 과정에서 가장 중요한 건 '조급해하지 않는 마음과 나만의 기준을 지키는 힘'이에요. 이 글을 읽고 있는 지금 이 순간, 여러분은 이미 좋은 출발선에 서 있습니다.

 ## 실전 투자자가 자주 쓰는 부동산 앱 3가지

1. 호갱노노: 직관적인 시세 흐름 확인에 최고

아파트 실거래가, 전세가, 매물 정보 등을 그래프와 지도 기반으로 한눈에 보여주는 앱이에요. 초보자도 시세 흐름을 직관적으로 파악할 수 있어서 입지 비교나 가격 감각 익히기에 좋습니다. 특히 학군, 초품아, 인구 변화, 전세가율 등 실거주자와 투자자가 함께 체크할 만한 정보도 잘 정리돼 있어서 부동산 투자 시 필수템이라고 할 수 있어요.

저녁 먹고 산책할 때 가볍게 호갱노노 앱을 켜두고 동네를 돌아다녀 보세요. '아, 이 집은 시세가 이렇구나', '신호등 하나 차이로 이렇게나 가격이 다르게 형성되는구나'를 자연스럽게 알 수 있게 될 거예요.

2. 아실(아파트 실거래가): 공급 물량과 입주 폭탄 미리보기

'이 지역에 앞으로 집이 얼마나 공급되지?' 하고 궁금할 때 딱 좋은 사이트예요. 분양 예정, 입주 예정 물량을 지도 기반으로 확인할 수 있어서 향후 가격 흐름을 예측하는 데 큰 도움이 됩니다.

전세가율, 매매가 흐름, 실거래 히스토리 등도 객관적인 지표로 정리돼 있어 분석하기 편리하고, 특정 지역의 공급을 사전에 파악할 수 있는 도구로도 활용돼요. 호갱노노에는 아직 없는 기능인데, 진행 중인 재개발 재건축 현황과 경매물건을 볼 때도 유용합니다.

3. 신한 SOL 부동산 경매: 쉽고 안전하게 경매 입문하는 법

복잡하고 어렵게 느껴지는 경매, 신한은행이 만든 경매 플랫폼으로 훨씬 더 친근하게 접근할 수 있어요. 신한 SOL뱅크 앱에서 홈 〉메뉴추가 〉부동산 경매를 추가하면 볼 수 있는데, 웬만한 사이트만큼 잘 되어 있고, 앱 기반이라 언제 어디서든 모바일로 볼 수 있다는 점이 굉장한 장점이에요. 실시간 경매 물건 검색, 감정가와 권리 분석 등 필요한 정보가 체계적으로 정리돼 있어서 경매 초보자도 부담 없이 시작할 수 있습니다.

#5 나만의 투자 길 찾기

6장

평범한 내가
20대에 20억을 이룬
투자 로드맵

01

첫 번째 투자: 지방 아파트 급매로 매수하기

재테크를 하다 보면 이런 질문을 한 번쯤 하게 돼요.
'이 사람은 어떻게 시작했을까?'
'어떻게 하면 나도 저렇게 될 수 있을까?'

저도 처음에는 다른 사람들의 성공담이 참 멀게만 느껴졌어요. 나랑은 전혀 다른 세계 이야기처럼 느껴지기도 했고요. 그런데 어느 순간 생각보다 많은 사람들이 '특별한 시작'이 아니라 '평범한 계기'에서 출발했다는 걸 깨달았어요.

그래서 이번 장에서는 제가 실제로 자산 20억을 만들기까지, 그 첫걸음을 어떻게 디뎠는지에 대해 솔직하게 나눠보려 해요. 특히 그 시작이 '돈이 많아서 가능했던 게 아니라, 기회를 놓치지 않기 위해 꾸준히 준비해온 덕분'이라는 걸 꼭 전하고 싶어요.

사실 제 첫 번째 투자는 '완벽하게 준비된 상태'에서 시작된 건 아니었어요. 오히려 '더는 이렇게 살 수 없다'는 마음에서 비롯된 결정이었죠. 집주인으로부터 전세금을 올리겠다는 연락을 받고 멍하니 앉아 있던 어느 날, 이런 생각이 들었어요.

'이렇게 불안해하며 살 바에 뭐라도 시작해야겠다.'

그때부터 퇴근 후와 주말에 계속 부동산 발품을 팔았습니다. 부동산의 '부'자도 모르는 부린이였지만, 나름대로 네이버 부동산으로 주변 시세를 매일 체크하고, 틈날 때마다 임장을 다니면서 동네 분위기, 시세 흐름, 전세 수요 등을 눈으로 직접 확인했어요. 하루에 5시간씩 부동산 소장님과 이 아파트 저 아파트를 돌아다니며 집을 본 날은 정말 다리가 후들거리더라고요.

처음엔 많이 봐야겠다는 생각이었고, '감'은 그렇게 생긴다고 믿었어요. 확실히 그렇게 하니까 비교적 빠른 시간 내에 동네에 있는 아파트 단지들을 연식부터 시세, 분위기를 다 알 수 있게 되었어요.

그러다 어느 날, 진짜 '기회'가 찾아왔어요. 이사 일정이 급해진 집주인이 시세보다 5000만 원 이상 저렴하게 급매로 아파트를 내놓았다고 부동산에서 연락이 온 거예요. 청주 회사 근처에 있는 34평 대단지 아파트였는데, 동네 대장 아파트(동네 시세를 견인하는 인기가 많고 거래가 활발한 아파트)라 평소에 엄두도 못 낼 만큼 시세가 높았던 집이었어요. 심지어 그 아파트 단지 내에서도 수요가 많고 가격도 더 비싼 로얄동, 로얄층, 로얄 타입이었으니 저에게는 완전 기회였죠.

부동산 소장님이 "이 물건은 제가 꼭 봤으면 좋겠다"며 가장 먼저 연락을 주셨어요. 그동안 진지하게 부동산을 공부하고 고민하던 제 모습이 인상 깊었다고 하시더라고요. 그때 소장님이 해주신 말씀이 아직도 기억나요.

"노력하는 사람이 기회를 가져가는 거예요."

여기서 '제가 초기 투자금은 어떻게 마련했는지' 궁금한 분들이 많을 거예요. 사실 저는 당시 디딤돌, 보금자리론 같은 일반적인 정부 대출은 소득 초과로 대상자에 들 수 없었어요. 그래서 처음엔 '정부 대출은 나와 상관없구나' 생각하며 포기하고 있었죠.

대신 저는 부동산 공부만큼이나 정책 공부도 꾸준히 하고 있었는데, 그 덕분에 알게 된 게 바로 '특례보금자리론'이라는 대출 상품이었어요.

특례보금자리론은 코로나 이후 부동산 하락장이 가속화되면서, 정부에서 유동성을 공급하기 위해 2023년 1월부터 1년간 한시적으로 운영된 정부 정책 대출이에요. 핵심은 '소득 제한 없이' 9억 원 이하의 주택에 대해 최대 5억까지 대출이 가능하다는 점이었어요. 이 특례보금자리론의 대출금리는 4%대 초반의 고정금리로, 당시 5~7%대를 넘나들었던 시중금리보다 훨씬 유리한 조건이었죠.

당시 저에게는 이 정책이 마른 땅에 단비처럼 느껴졌어요. 소득 제한 없이 받을 수 있다는 점 하나만으로도 정말 획기적이었고, 그 덕분에 1억 원의 자기자본만으로 나머지 금액을 저금리 대출로 채울 수 있었어요.

그렇게 저의 첫 번째 내 집 마련은 5억 3000만 원 중 제 종잣돈 1억 원에 '회사 복지대출 1억 원(금리 1.5%), 특례보금자리론 3억 3000만 원(금리 4%)'을 더해 지렛대를 활용한 매수에 성공했습니다.

처음 집을 매수하면서 이렇게 대출을 받아도 괜찮을까 걱정이 많았지만, 결과적으로는 아파트 가격 최저점에 저금리로 매수하는 '황금 타이밍'을 잡은 셈이 됐어요. 집을 사지 않았다면 전월세로 계속 새어나갔을 돈이 자산으로 쌓이게 된 거죠.

몇 달 뒤, 이 특례보금자리론 대출 상품은 조기 마감되었고, 해당 아파트도 시세가 빠르게 상승하면서 1억 원이 넘는 시세 차익이 생겼어요. 이때 느낀 게 있어요.

'정책이 곧 방향이다.'

정부가 돈을 풀고 대출을 늘리겠다고 하면 그건 결국 '실수요자들의 시장 진입을 유도하겠다'는 신호고, 그 흐름을 읽으면 매수 타이밍을 잡는 데 큰 힌트가 돼요. 이처럼 정책에 관심을 갖는다는 건 단순히 대출을 더 받기 위한 게 아니라, 시장 분위기를 미리 읽고 준비하는 능력을 기르는 거라고 생각해요. 저는 이때를 계기로 항상 정책에 귀 기울이는 좋은 습관이 생겼습니다.

지나고 나서 돌아보니, 이 첫 투자에서 정말 중요했던 건 돈보다 '공부와 준비'였어요. 그때 저는 충분한 자본이 있었던 것도, 누가 알려준 것도 아니었거든요. 다만 '아직 돈이 없지만, 공부는 할 수 있다'는 생각으로 꾸준히 부동산과 정책을 함께 챙겨봤고, 그러다보니 자연스럽게 좋은 기회가 찾아왔어요.

그래서 저는 이 책을 읽고 있는 분들께 '돈을 다 모으면 시작해야지'보다 '준비하면서 모아야지'가 훨씬 현실적인 전략이라는 걸 꼭 전하고 싶어요.

정보는 준비된 사람에게만 기회가 되고, 그 기회를 붙잡는 건 결국 미리 움직인 사람입니다.

나만의 명확한 관점과 계획으로 집을 사기

사실 첫 번째 집을 사려고 할 당시 주변에서 말리는 사람도 많았어요. 전국적으로 부동산 하락장이 와서 매수세가 얼어붙었던 시점이었거든요. '앞으로 더 떨어질 거다'라는 공포가 지배적이었고, 주변 다른 동네에서 신축 공급과 분양 모집도 많이 하고 있었기 때문에 '생애 최초' 청약 당첨의 기회를 날리는 것이 아닐까 하는 걱정도 있었어요.

하지만 저는 관점을 조금 다르게 잡았습니다. '청약을 기다리며 몇 년을 더 전세로 살 것인가 vs 지금 좋은 조건으로 내 집을 마련할 것인가' 이 2가지 선택지 중에서 저는 지금 당장 내 자산을 만드는 선택을 하고 싶었어요.

그리고 집을 볼 때 남들이 흔히 말하는 '호재', '투자 유망지역' 같은 조건보다는 조금 더 현실적인 기준을 세웠어요.

'이 집을 전세로 찾는 사람이 많을까?'

'지금 들어가는 돈 대비 미래의 예상 수익률은 괜찮은가?'

'나중에 되팔 때 사람들이 원하는 집일까?'

그리고 무엇보다도 '내가 진심으로 살고 싶다는 느낌이 드는 집인가?'가 중요했어요. 이런 질문들을 스스로에게 계속 던졌고, 그 결과 이 집은 당시의 저에게 가격, 입지, 수요, 대출 조건 모든 면에서 '합리적인 선택'이라는 결론을 내릴 수 있었어요.

부동산은 단순히 숫자 싸움이 아니더라고요. 결국 사람이 사는 공간이니까요. 사람들이 '진심으로' 원하는 집은 전세든 매매든, 비싸더라도 찾는 사람이 반드시 생기기 마련입니다.

좋은 집에 '머무르기'보다 '다음 스텝'을 고민하다

당시 첫 집은 제 기준에서 만족스러웠어요. 입지, 환경, 시세 흐름, 수요까지 너무 좋았고, 지금도 '그 집에 그냥 계속 살았으면 어땠을까?' 하는 생각이 들 만큼 마음에 드는 집이었어요. 하지만 저는 거기에서 멈추지 않고, 다음 단계로 나아가기 위해 '이별'을 선택했습니다.

그 선택이 가능했던 건, 저는 항상 스스로에게 이런 질문을 던졌기 때문이에요.

'지금 이 자산이 충분히 일하고 있는가?'

'이 집이 더 오를 여지가 있는가?'
'이 자산을 계속 갖고 있는 게 기회비용은 아닐까?'
'지금의 자산으로 더 높은 수익률을 낼 수 있는 곳은 없을까?'

자산을 운용한다는 건 '내가 가진 것을 어떻게 더 잘 굴릴 수 있을까'를 고민하는 과정이잖아요. 고민 끝에 저는 매수한 집에 전세를 주고, 월세방으로 이사 가는 것을 선택했어요. 실거주와 투자를 처음으로 분리한 거죠.

34평 집에서 실거주를 하는 것은 너무 행복하고 좋았지만, 아직 젊고 결혼도 하기 전이고 아이도 없는데 너무 큰돈을 깔고 있는 것 같다는 생각이 들었거든요.

당시 그 집은 매매가 5억 3000만 원, 전세 시세는 4억 중반대여서 전세를 맞추면 대출을 다 갚고도 남는 상황이었어요. 운이 좋게도 새학기 시즌에 맞추어 학군지를 원하는 부모들의 수요가 몰리면서 전세를 비교적 비싼 4억 7000만 원에 맞출 수 있었죠. 그것도 부동산에 올려둔지 하루 만에 나간 걸 보면 확실히 학군지와 로얄동/층은 시장 경쟁력이 있구나를 다시 한 번 느꼈습니다.

전세금 4억 7000만 원을 받고 정부대출 3억 3000만 원을 갚으니 수중에 1억 4000만 원이라는 큰돈이 생겼어요. 그것도 무이자로요! 비록 34평에서 12평으로 집은 좁아졌지만 생활하기에는 충분했고, 수중에는 꽤나 큰 투자금이 생겼어요. 저는 그 자본을 기반으로 더 큰 투자를 하기로 결심했습니다.

지금 생각해보면, 그때의 선택은 굉장히 큰 의미가 있었어요. 제 인생에서 처음으로 리스크를 감수하고, 스스로 결정하고, 실행에 옮긴 투자 경험이었거든요. 그리고 그 과정을 통해 시장 흐름을 읽는 감각, 정책을 활용하는 눈, 자산에 대한 주도권을 갖게 되었어요. 제 자산의 첫 도약이 바로 이 선택에서 시작된 셈이죠.

몇 년 뒤, 이 집은 시세가 6억 중후반까지 올랐고, 최근에 전세를 끼고 매도하면서 약 1억 3000만 원 정도의 시세 차익을 남길 수 있었어요. 게다가, 세금 하나 없는 비과세로요!

그게 어떻게 가능했냐고요? 바로 '일시적 1가구 2주택 비과세 전략'을 활용했기 때문인데요, '일시적 1가구 2주택'이란, 기존에 집이 있는 상태에서 새로운 집을 구매하더라도 일정 기간 안에 기존 주택을 처분하면 양도세를 비과세(세금을 면제)해주는 제도에요.

이 전략을 쓰려면 몇 가지 중요한 조건을 반드시 체크해야 해요. 저는 이 조건을 '123규칙'으로 외우고 있어요(시기별로 정부 정책과 조정지역에 따라 숫자는 조금 달라질 수 있어요).

일시적 1가구 2주택 요건

1. 첫 번째 집을 취득한 후 최소 '1년'이 지난 후에 두 번째 집을 취득한다.
2. 첫 번째 집을 최소 '2년' 이상 보유한다.
3. 두 번째 집을 취득한 후 '3년'이 지나기 전에 첫 번째 집을 매도하면 비과세가 가능하다.

그래서 저는 계약 날짜, 입주 날짜, 실제 거주기간 등을 캘린더에 표시해가며 꼼꼼하게 관리했고, 이 모든 과정을 '다음 투자로 가기 위한 징검다리'처럼 생각했습니다.

집의 시세가 오르면 물론 너무 좋지만, 단순히 가격이 올랐다고 바로 팔아버리면 양도세를 수천만 원 내야 할 수도 있어요. 그래서 집의 매도/매수 관련해서는 항상 절세 방안을 생각해야 하죠. 부동산의 매매가는 최소 수억 원대로, 1%의 차이도 굉장히 큰 금액이 왔다갔다 하니까요. 저 역시 이 전략으로 무려 3000만 원의 세금을 아낄 수 있었답니다.

저처럼 '비과세'로 집을 매도하는 것에 관심 있는 분이라면, 꼭 사전에 미리 계획하고 타이밍을 계산해서 '일시적 1가구 2주택' 비과세 요건으로 매수/매도 시기를 조율하는 걸 추천합니다.

돌아보면, 완벽해서가 아니라 '진심'이었기에 가능했어요. 솔직히 처음엔 무섭고, 잘못될까봐 걱정도 많았지만 계속 공부하고, 직접 임장하고 실행으로 옮기면서 조금씩 확신이 생기기 시작했고,

자신감이 생겼어요. 그 집은 지금도 제 기억 속에 남아 있어요. 제 인생의 방향을 바꿔준 '첫 번째 자산'이자 '첫 번째 성장의 증거'였거든요. 다음 이야기에서는 두 번째 투자인 '경매'에서 무엇을 배웠는지 더 깊이 이야기 나눠볼게요.

등기부등본 보는 법

경매든 일반 매매든 부동산을 살 때 '등기부등본'은 필수로 확인해야 하는 서류예요. 마치 사람의 이력서를 보는 것처럼 이 집이 어떤 과정을 거쳐 왔는지, 어떤 문제가 있는지를 한눈에 볼 수 있는 서류거든요. 등기부등본은 보통 다음과 같은 3가지 항목으로 나눠져 있어요.

1. 표제부: 이 집의 기본정보

주소, 지번, 면적, 구조, 건축물 용도 등이 나와 있습니다. 예를 들어 '아파트 101동 105호, 84.96㎡, 주거용'과 같이 기본 정보를 알 수 있어요.
Check! 주소와 실제 매물 정보가 일치하는지 확인하세요.

2. 갑구: 소유권 관련 사항

집의 주인이 누구인지 나와 있습니다. 소유권 변경 이력이 모두 기록되며, 가압류나 가처분 같은 법적 문제가 있는지도 확인할 수 있어요.

Check! 현재 소유자가 누구인지, 혹시 법적 분쟁이나 가압류 표시가 있는지 살펴보세요.

3. 을구: 채권·담보권 정보

이 집을 담보로 얼마나 대출을 받았는지, 은행에 잡힌 근저당이 있는지 확인할 수 있습니다. 보통 '○○은행, 채권최고액 3억 원' 이렇게 표시돼요.

Check! 채권최고액은 실제 대출금보다 20% 정도 더 많게 적혀 있는 게 일반적이에요. 예를 들어 실제 대출이 2억 5000만 원인데, 등기부등본에는 채권최고액이 3억 원으로 적혀 있는 식이죠. 은행 입장에서는 대출자가 돈을 갚지 않아 경매로 넘어갈 경우를 대비해 은행이 원금 외에 발생할 수 있는 이자, 지연손해금, 소송비용까지 포함할 수 있도록 여유를 두고 근저당을 설정하기 때문입니다.

등기부등본 발급 방법

부동산 소장님께 요청하면 프린트 해주시기도 하고, '정부24' 또는 '대법원 인터넷등기소' 사이트에서 손쉽게 발급 가능해요.

등기부등본을 볼 줄 안다는 건 단순히 '투자자'가 아닌 '책임 있는 매수자'가 되는 첫걸음이에요. 처음에는 어렵게 느껴질 수도 있지만, 몇 번만 직접 열람해보면 금방 익숙해질 거예요. 저도 처음엔 갑구, 을구 뭐가 뭔지 하나도 몰랐지만, 부동산 투자를 하며 수십 번 등기부등본을 보다 보니 이젠 눈에 익었답니다.

02

두 번째 투자: 경매, 4000만 원으로 수도권 내 집 마련하기

첫 번째 투자 이후, 제 안에 변화가 생겼어요. '나도 할 수 있다'는 자신감이 생긴 거죠. 그리고 동시에 이런 생각도 들었어요.

'이 자본금을 그냥 두지 말고, 자산으로 보내서 다시 일하게 만들어야 하지 않을까?'

그때 제 눈에 들어온 게 바로 '경매'였어요. 처음엔 단순하게 시세보다 싸게 살 수 있다는 말에 이끌렸거든요. 하지만 막상 공부를 시작해보니 예상보다 훨씬 복잡했어요. 법적 용어, 절차, 권리분석 등을 접하다 보니, 처음엔 경매 공부라기보다 법 공부를 시작한 기분이 들 정도였죠.

그래도 첫 투자 경험 덕분에 '될 때까지 공부한다'는 태도가 몸에 배어 있었기 때문에 이번에도 무작정 부딪쳐 보기로 했어요. 평일엔 회사 일이 끝난 후 유튜브와 경매 강의를 듣고, 주말엔 경매 관련 책을 읽고, 실제 사건번호를 검색해 모의 낙찰 시뮬레이션도 해봤어요. 그렇게 약 5개월 정도 경매 공부에 집중한 뒤, 마침내 실행에 옮기기로 결심했습니다.

하지만 처음부터 순탄하진 않았어요. 경매물건을 알아보러 왔다고 하면 대놓고 무시하는 부동산도 있었고, 경매에 나온 집에 직접 찾아가 문을 두드려도 대부분 아무런 반응이 없었어요.

이해는 가요. 요즘에는 조금 덜하지만, 아무래도 '경매'에 대해 여전히 좋지 않은 인식을 갖고 계신 분들이 많거든요. 특히 일부는 경매를 마치 남의 집을 강제로 뺏는 행위처럼 극단적으로 오해하는 경우도 있어요.

그런데 이건 정말 꼭 짚고 넘어가고 싶어요. 경매는 '누군가를 희생시키는 제도'가 아니에요. 오히려 권리관계가 꼬여서 정상적인 거래가 불가능한 집을 법적 절차를 통해 깨끗하게 정리해 채무자는 채무를 청산하고, 낙찰자는 안전하게 집을 매수하며, 시장엔 다시 물건이 공급되는 선순환 구조를 만들어주는 제도입니다.

저는 오히려 '경매'는 누구보다 책임감 있는 투자자가 되는 길이라고 생각해요. 권리상 문제가 있는 집을 인수함으로써 '정상화'시키는 작업이니까요. 일반 매수처럼 집을 보고 살 수도 없고, 친절하게 설명해주시는 부동산 소장님도 없죠. 모든 권리분석과 수요 파악을 스스로 해야 하니, 그만큼 시세보다 저렴하게 살 수 있는 특권을 누릴 자격도 있는 셈이에요.

그렇게 저는 경매 투자의 끈을 놓지 않고 꾸준히 공부하며 도전했고, 수많은 시행착오와 3번의 패찰 끝에 폭설주의보로 눈이 펑펑 쏟아지던 겨울날, 드디어 인천의 34평 아파트를 낙찰받을 수 있었어요. 경매법정에서 최고가 입찰자로 이름이 불리는 그 순간을 아직도 잊을 수 없어요. 쿵쿵 뛰는 심장을 부여잡고 앞으로 나가서 낙찰 영수증을 받아왔고, 이후로는 대출 상담사들에게 둘러싸여 명함과 질문세례를 받는 대스타가 되었죠.

'그동안 계속 패찰을 했었는데, 왜 이번에는 낙찰이 되었을까?'를 되짚어 생각해보면, 2가지 큰 요인이 있었던 것 같아요.

첫째, 경매 입찰일이 바로 '폭설'이 내리던 날이었어요.
실제로 기상 악화나 황금연휴, 크리스마스 이브 같은 날에는 경매장에 사람이 거의 없어요. 사람이다 보니, 휴가철에는 휴가 가고 싶고, 날씨가 나쁘면 '이번에는 그냥 쉬자'는 생각이 드는 게 어쩔 수 없거든요. 이런 '틈새시장'을 잘 노리면 낙찰 성공률을 높일 수 있어요. 역시 꾸준히 노력하는 사람이 성공할 수밖에 없는 논리인 거죠.

둘째, 제가 낙찰받은 것은 유찰된 물건이 아니라 '신건(경매에 처음 나온 물건)'이었어요.

경매는 처음 나온 물건에 아무도 입찰하지 않으면 유찰이 되고, 유찰되면 최저입찰가가 보통 20~30% 정도가 내려갑니다. 시세 10억 원인 집이 7억 원에 나오게 되는 거죠. 이 과정에서 광고와 경매 컨설팅 업체들이 적극적으로 홍보하며 입찰 경쟁이 치열해지는데, '10억짜리 집을 7억에 살 수 있는 기회!'라는 광고를 내보내니까 이것을 보고 경매에 관심 없던 사람들도 몰리는 원리예요.

하지만 정말 그 집이 '10억짜리 집을 7억에 살 수 있는 기회'일까요? 실제로 낙찰 결과를 보면 10억, 11억으로 더 높은 금액에 낙찰을 받아가는 경우가 많아요. 입찰경쟁이 치열해지면서 낙찰을 받기 위해 금액을 계속 올리다보니 결국 일반 매수와 비슷하거나 오히려 더 높은 가격에 낙찰받는 셈이죠. 특히 악덕 경매컨설팅 업체에서는 '낙찰 보장'을 내세워 의뢰인에게 입찰금을 과도하게 높이도록 설득한 뒤, 결국 높은 금액에 낙찰받도록 유도하기도 해요.

낙찰 이후부터 명도까지

제가 선택한 물건은 인천에 있는 34평 대장 아파트였어요. 시세는 약 4억 9000만 원, 제가 낙찰받은 금액은 약 4억 3000만 원으로 시세 대비 6000만 원 정도 저렴했죠. 입지도 괜찮았고, 세대수가 굉장히 많아서 단지 내 거래도 꾸준한 곳이었어요.

낙찰자로 호명되고 '앞으로 꽃길만 있겠구나'라고 생각했던 것도 잠시, 낙찰받고 나서야 진짜 '현실의 벽'을 마주하게 됐어요. 입주 전까지 해결해야 할 일이 많았거든요. 잔금 납부를 위한 대출 알아보기, 법무사 선정, 비용조율 등 다 처음 해보는 거라 며칠 동안 두통과 씨름했고, 이 과정이 생각보다 시간도 오래 걸리고, 정신적으로도 지쳤어요.

무엇보다도 소유주와의 협상이 가장 힘들었는데요, 우선 관리비 미납이 250만 원 정도 있었고, 협상을 해야 하는데 소유주와 연락이 닿지를 않았어요. 법원에서 서류 열람을 통해 아무리 찾아봐도, 소유주 번호를 찾을 수가 없었죠. 낙찰받은 집에 여러 번 찾아가고 쪽지를 붙여 두어도 묵묵부답이었습니다.

그러던 어느 날, 답답한 마음에 앞집 문을 조심스레 두드렸어요. 아무래도 이웃이니까 사정을 좀 아실까 싶었거든요. 다행히 친절하신 아주머니가 나오셨고, 앞집에 대해 물어보자 돌아온 대답이 충격이었어요.

"이 집 한참 전에 이사 갔는데? 1년 넘었을 걸요?"

오 마이 갓! 지금까지 빈집과 씨름을 했던 거였어요. 명도(기존에 살고 있던 점유자를 내보내는 것)에 대한 안도감이 들었지만, 한편으로는 소유주와 연락할 길이 없어 막막했어요. 빈집이라도 기존 소유자의 동의 없이 문을 열면 안 되거든요.

어떻게 할까 한참을 고민하다가 '미납된 관리비'가 문득 떠올랐어요. 관리사무소 입장에서도 그 관리비를 받아야 하는 입장이니 소유주 번호를 알고 있을 거라는 생각에 "이거다!" 싶었죠. 바로 관리사무소에 찾아가서 상황을 설명했어요. 하지만 관리사무소에서 동의 없이 개인정보를 알려주는 것은 불가능하다는 답변을 받았습니다.

허탈함도 잠시, 여기서 포기할 수는 없었어요. 그렇다면 미납관리비 협상을 위해서 제 번호를 소유주분께 알려만 드려달라고 설득했고, 노력 끝에 기존 소유주와 통화를 할 수 있게 되었어요.

사실 굉장히 떨렸지만 침착하게 상황을 설명하고, 무작정 밀어붙이기보단 최대한 호의적인 태도로 협상을 이어 나갔어요. 결국 동의 끝에 문을 열 수 있었고, 관리비 미납분에 대해서도 전 소유주가 일부 부담하는 것으로 원만하게 해결할 수 있었습니다.

이렇게 협상과 소유권 이전이 마무리되고, 두 번째 집이 생겼습니다. 이 경험을 통해 많은 걸 배웠어요. 경매 낙찰 성공률을 높이는 법, 명도는 결국 사람과의 협상이라는 점, 경락대출과 법무사 비용에 관한 부분, 낙찰 후 잔금까지의 과정을 몸소 체험하며 모든 과정은 '경험'이 되고, 다음 투자의 발판이 된다는 걸 깨달았어요.

사실 경매는 리스크가 큰 투자처럼 여겨지기도 하잖아요. 하지만 제가 직접 해보니 '지식과 태도'가 그 리스크를 많이 줄여주더라고요.

경매는 '정보의 비대칭'을 이용한 투자예요. 그래서 공부한 만큼, 발품 팔고 분석한 만큼 내 수익률이 달라집니다. 시세보다 저렴하게 매수하고, 임차(전/월세)를 맞춰 다시 레버리지를 만드는 구조를 이해하면, 자산을 굴릴 수 있는 도구로 경매는 훌륭한 무기가 될 거예요.

무엇보다 이 집이 당시 제게 가장 매력적이었던 건 '실투자금이 4000만 원'이라는 점이었어요. 4억 3000만 원 중 3억 9000만 원이 경락대출로 나왔으니, 제 돈은 4000만 원만 있으면 됐어요. 그마저도 월세를 4000/130만 원으로 맞추면서 월세 보증금으로 4000만 원을 바로 회수할 수 있었죠. 대출금리는 4%대로 월 이자는 130만 원 정도 나가지만, 월세가 130만 원씩 꾸준히 들어오니 실제로 내는 돈 거의 없이 이 집을 자산으로 가지고 있을 수 있는 거죠. 너무 신기하지 않나요?

지금 이 집의 시세는 5억 초중반대로 약 1억 정도의 시세 차익을 보고 있고, GTX-B의 수혜를 받는 지역이라 조금 더 보유하면서 상황을 지켜보고 있어요. 다음 챕터는 세 번째 투자 이야기로 넘어가 재건축 투자에 대해 소개할게요.

경매 권리분석 기초편

경매물건을 살 때 가장 중요한 것 중 하나가 바로 권리분석이에요. "이 집을 낙찰받으면, 깨끗하게 내 소유가 되는 걸까?", "혹시 낙찰받고도 전 주인이나 세입자가 계속 권리를 주장하면 어쩌지?" 이런 걱정을 덜어주는 핵심 포인트가 바로 말소기준권리예요.

말소기준권리란?

경매가 진행되면, 말소기준권리보다 후순위의 권리는 대부분 자동으로 사라져요(말소). 하지만 말소기준권리보다 앞선 권리는 그대로 남아 있습니다. 그래서 핵심은 '이 물건은 말소기준권리가 무엇이고, 그 전후에 남아 있는 권리가 있어서 내가 인수해야 할 책임이 있는가?' 이걸 파악하는 게 권리분석의 시작이에요.

쉽게 보는 권리분석 순서

간단히 요약해서 정리했어요. 자세한 내용과 예외사항들은 꼭 경매 공부를 통해서 상세히 알아봐야 합니다.

1. 등기부등본의 '을구' 확인
- ✔ 은행 근저당(담보대출)이 설정된 날짜를 확인해요.
- ✔ 보통 근저당이 말소기준권리인 경우가 많아요.

2. '말소기준권리 이후' 권리 체크
- ✔ 전세권, 가압류, 임차권, 조합설립인가 등
- ✔ 이 권리들은 낙찰받으면 없어지는지, 남는지를 따져봐야 해요.

3. 선순위 임차인 있는지 여부 확인
- ✔ '전입일+확정일자+실제 거주'가 말소기준권리보다 빠르면, 해당 세입자는 보증금을 돌려받지 못해도 집을 계속 점유할

권리가 있어요(대항력).

✔ 이 경우, 내가 보증금을 대신 물어줘야 할 수도 있어요.

한 줄 요약

'말소기준권리보다 늦게 생긴 권리는 없어지고, 그보다 앞선 권리는 인수한다(예외적으로 말소기준권리 이후의 권리를 인수하는 경우도 있습니다).'

이 개념만 잘 기억해도 경매의 큰 사고는 막을 수 있어요. 모든 권리는 시점이 중요하니, 날짜 순서를 보고 판단하세요. 경매는 무조건 싸게 사는 게 아니라, 위험까지 계산해서 싸게 사는 것이라는 걸 잊지 마세요.

03

세 번째 투자: 재건축 아파트 급매로 공략하기

두 번째 경매 투자가 어느 정도 안정권에 접어들었을 무렵, 세 번째 기회를 모색하고 있었어요. 이번에는 단순히 시세 차익이 아니라, 더 장기적인 성장 가능성을 보고 싶었거든요. 그 무렵 기사에서 '1기 신도시 노후계획도시정비 특별법'이라는 단어를 처음 접했어요. 1기 신도시에 30년 이상 된 아파트들이 많아지면서 신속한 재건축에 대한 요구가 커졌고, 이에 대응하기 위한 특별법이 논의되기 시작한 거예요.

주요 내용은 '재건축 안전진단을 완화하고, 용적률을 상향하며, 절차를 간소화해서 1기 신도시 내 노후 아파트들을 새롭게 탈바꿈시키겠다'는 것이었죠. 이를 통해 주거환경을 개선하고, 주택공급을 늘려 시장 안정에 기여하겠다는 계획이었어요.

하지만 이 법이 모든 1기 신도시에 동일하게 적용되는 것은 아니었습니다. 정부는 이들 중 일부 지역, 일부 단지를 '선도지구'로 우선 선정하겠다고 발표했는데요. '선도지구'는 말 그대로 '먼저 움직이는 지역'으로, 재건축 예정지 중에서도 '선도지구'로 선정되면 규제 완화 혜택과 행정적 지원을 받아 재건축 속도와 사업성 면에서 훨씬 유리해집니다. 즉, 같은 신도시 안에 있더라도 '선도지구'로 지정된 단지와 그렇지 않은 단지 사이에는 사업 추진 속도나 투자가치 면에서 큰 차이가 생길 수 있는 거죠.

그래서 저는 '어떤 지역이 선도지구로 선정될까?'에 초점을 맞춰 입지 조건, 노후도, 대지지분, 지자체 의지, 주민의지 등 다양한 요소를 고려하면서 리서치를 시작했어요. 그 과정에서 재건축 사업성이 좋을 것으로 예상되는 지역 중 하나였던 분당에 눈길이 갔고, 바로 손품과 발품을 함께 들이기 시작했어요.

열심히 매물을 살펴보던 중 한 경매물건이 눈에 들어왔어요. '신건'이라 경쟁이 덜할 것으로 예상됐고, 재건축 사업성도 괜찮아 보였죠. 바로 임장을 다녀오고, 입찰 준비에 들어갔습니다.

그런데 며칠 뒤 해당 경매물건이 취하되었어요. 집주인이 채무를 정리했거나, 무언가 협의가 이루어진 듯했어요. 아쉬웠지만 받아들여야 했죠.

하지만 거기서 멈추지 않았습니다. 계속해서 분당 지역 내 선도지구 후보 아파트들을 중심으로 임장을 다녔고, 그러던 중 14평짜리 급매 물건을 발견하게 되었어요. 시세보다 저렴했을 뿐만 아니라, 며칠 전에 놓친 경매가보다도 더 낮은 가격이었어요. 그 순간, 이건 무조건 잡아야겠다는 확신이 들었어요. 확실히 경매 투자에 대한 지식과 경험이 있었기에 이 가격이 '진짜 급매'인지 아닌지에 대한 판단 기준을 명확히 잡을 수 있었던 것 같아요.

그 당시 분위기는 워낙 대기 수요가 많아서, 집을 보겠다는 약속을 잡고 가는 사이에 보려고 한 집이 계약이 되어버리는 경우도 있었거든요. 그래서 급매 물건이 있다는 걸 알게 된 이상, 바로 잡는 것이 유리했어요.

하지만 하나 걸림돌이 있었어요. 집 내부를 확인해야 했는데, 임차인이 밤 10시에나 귀가할 수 있어서 그 전에는 내부를 보여줄 수 없다고 하더라고요. 다음 날로 미루면 이 기회를 놓칠 수도 있겠다는 생각에, 중개사무소 소장님께 간곡히 부탁드려 밤 10시까지 기다리기로 했어요.

그렇게 늦은 밤에 본 집은 오래된 구축임에도 불구하고 화이트톤으로 내부 수리가 잘 되어 있어서 깔끔했고, 신혼부부가 전세로 살고 있는 상태가 매우 좋은 집이었어요. 무엇보다 초역세권에 역까지 도보 5분 거리, 유명 학군과 생활 인프라도 잘 갖춰진 곳이었죠.

가장 결정적인 건 시세보다 저렴했던 급매 가격이었어요. 재건축 사업성에 영향을 주는 '용적률'과 '대지지분'도 유리한 수준이었고요. 집을 보고 나온 그날 저녁, 바로 가계약금을 송금했고, 급매에서 600만 원을 추가로 더 협의해서 최종 매수를 진행했습니다.

매수하고 난 뒤, 과연 이 집이 '선도지구'로 선정이 될지 걱정도 많이 되었어요. 주변에 쟁쟁한 아파트들이 많았거든요. 하지만 매수를 한 이상 후회하고 싶지는 않았어요. 그래서 무더운 여름날 주민 봉사활동도 다니고, 주민분들께 선도지구에 대한 설명도 드리며 소중한 동의서를 몇 장 더 확보할 수 있었습니다.

그 결과, 집을 매수한 뒤 6개월 정도 지난 시점에 대망의 선도지구 발표날이 다가왔고, 다행히도 원했던 '선도지구'에 선정이 되었습니다!

물론 선도지구로 선정됐다고 해서 무조건 빠르게 재건축이 추진되리란 보장은 없어요. 실제로도 일정이 지연되어, 기존에 계획했던 2030년 입주는 어렵지 않을까 조심스레 생각하고 있어요. 하지만 선도지구로 지정된 만큼 행정적 절차와 방향성이 마련되어 있다는 장점이 있고, 앞으로 사업이 단계적으로 추진됨에 따라 시세는 그에 맞춰 계단식으로 상승할 가능성이 높아요.

이 집은 매수 당시 약 6억 5000만 원이었고, 현재 시세는 약 8억 원 중반대로 약 2억 원의 시세 차익을 보고 있어요. 앞으로 이 집을 중간에 정리하고 다른 투자처로 옮길지, 아니면 완공 후까지 보유할지는 고민 중이에요. 시장 상황과 투자 여건, 그리고 다음 투자 전략까지 함께 고려해보며 유연하게 판단할 생각입니다.

간혹 "집이 3채이면 세금 폭탄 맞지 않나요?"라고 질문하는 분들이 많은데요, 저희 커플은 각각의 개인 명의로 2채씩, 총 4채를 보유하는 것을 목표로 하고 있어요. 개인 명의로 2채가 넘어가면 종합부동산세, 양도세 측면에서 불리해지기 때문에 명의 분리를 통해서 4개의 명의를 확보하고, 하나씩 함께 힘을 합쳐서 투자하고 있는 거죠. 함께 계획을 세우고, 발품을 팔고, 성장해가는 이 투자 여정이 참 든든하게 느껴진답니다.

여기까지가 세 번째 투자의 스토리예요. 이번 투자의 경험은 단지 물건을 잘 산 것 이상의 의미를 가졌어요. '재건축 초기단계 분석', '선도지구의 가치판단', '명의 분리와 절세 전략' 등 투자자로서 또 한 번의 레벨업을 하게 된 경험이었거든요. 다음 챕터에서는 네 번째 투자로 꿈만 같았던 서울 아파트 매수 이야기를 나눠볼게요.

 계약서 12장 써보면서 알게 된 꿀팁

"이걸 그때 알았더라면 첫 집 계약할 때 그리 떨지 않았을 텐데…."

첫 집을 계약할 땐 손이 덜덜 떨렸고, 두 번째에는 긴장했어요. 그런데 세 번째부터는 '계약서가 보이기' 시작하더라고요. 그렇게 매수, 매도, 임대, 임차 계약서를 포함해 어느덧 12번째 계약서를 작성하며 깨달은 것들이 있어요. 총 12번의 계약서 작성과 수정, 협상을 거치며 알게 된 '찐꿀팁'을 여기 모아봤습니다.

계약서 작성 전

상대의 상황을 파악하세요. '이사 급하게 나가야 해요'라든지 '지금 세입자 나가고 비워져 있어요' 같은 정보는 협상카드가 될 수 있어요. 잔금일 조정, 수리 협의, 특약 삽입 등에 유리하게 작용하죠. 그러니 중개사와 통화할 땐 꼭 상대방 사정도 슬쩍 물어보세요.

계약서 쓸 때 반드시 체크해야 할 3가지

1. **특약사항은 반드시 직접 쓰고 확인받자.**

말로만 나누었던 것은 잊히면 그만이에요. "이건 수리해 줄게요"라고 했던 말도 특약사항으로 계약서에 정확히 작성해두는 것이 좋습니다.

2. **만나서 계약할 수 없다면 통화해서 신분 확인하기**

가끔 "해외라 못 나와요", "바빠서 다른 사람에게 위임했어요" 하는 경우가 있어요. 꼭 집주인이 현장에 올 필요는 없지만, 본인 확인은 직접 해야 해요. 중개사에게 "집주인과 유선 연결해 주세요"라고 요청하고 이름, 주민번호, 주소 등 기본 정보를 꼭 직접 확인하세요. 큰 계약일수록 작은 확인 하나가 나중에 큰 사고를 막습니다.

3. 중개보수는 '법정요율' 먼저 확인하고 가기

지역, 가격마다 법으로 정해둔 중개보수가 있어요. '중개보수 계산기'라고 검색하면 쉽게 찾을 수 있습니다. 미리 보수금액을 알고가면 좋고, 계약 전 "중개보수는 법정요율대로죠?" 한 마디만으로도 불필요한 논쟁을 미리 예방할 수 있을 거예요.

물론 상황에 따라 전략적으로 중개비를 조금 깎아줄 수 있냐고 물어보거나, 약간 더 얹어주는 것도 팁이에요. 하지만 이건 선택 전략일 뿐, 기본은 '법정요율'이 기준입니다.

04

네 번째 투자:
불장 속 서울 아파트 매수 타이밍 잡기

세 번째 재건축 투자까지 마친 후, 한 가지 결심을 하게 되었어요.

"이제는 서울이다!"

왜 서울이어야 했을까요? 모든 자산의 가격은 결국 '수요와 공급의 법칙'으로 결정돼요. 요즘 인구가 줄고 있다고는 하지만, 서울만큼은 예외예요. 핵심 일자리 대부분이 서울에 몰려 있기 때문에 여전히 사람들이 모이고, 그만큼 거주 수요가 꾸준하죠.

반면 공급은 어떨까요? 현재 서울은 몇 년간 공급 절벽이 예고되어 있어요. 즉, 수요는 넘치는데 공급은 부족한 전형적인 가격 상승 구조인 거죠. 그래서 저는 과감히 결정했어요.

"지방에 있던 첫 집을 정리하고, 서울 아파트 투자에 집중하자."

하지만 서울 투자는 결코 쉽지 않았어요. 무엇보다 가격이 너무 비싸고, 그동안 경기도와 지방만 보던 저에게 서울은 여전히 낯설고 무서운 시장이었거든요.

그렇다고 주저앉을 수는 없었습니다. '못할 건 없다. 공부하면 된다'는 믿음 하나로 다시 책상에 앉아서 분석하고, 임장을 꾸준히 다녔어요.

이번 서울 투자는 갭투자를 염두에 두고 조사해 왔어요. 갭투자란, 예를 들어 매매가 10억 원인 집을 전세 5억 원에 맞추고, 나머지 현금 5억 원으로 매수하는 방식이에요. 사실 지금 갭투자를 한다고 하면 걱정하는 분들도 종종 있어요. 과거에는 매매가와 전세가가 많이 차이가 나지 않아서 전세가율(매매가 대비 전세가가 차지하는 비율)이 90%를 넘는 시절도 있었지만, 지금은 매매가 대비 전세가가 많이 낮은 편이라 상황이 많이 달라졌고, 상대적으로 큰 실투자금이 필요하기 때문이에요.

그렇다고 해서 시장을 탓하고 투자를 멈출 수는 없어요. 갭투자 호황기를 마냥 기다리기만 할 수는 없거든요. 현재 상황에 맞춰서 최선의 판단을 내리는 게 현명한 투자자의 자세라고 생각해요.

그래서 저는 최대한으로 현금 확보를 하기 위해 투자 공부와 함께 부수익 활동도 병행하면서 수익을 최대한으로 끌어올렸어요. 또한 지방에 있는 첫 번째 집을 매도해 수익을 실현했고, 부업과 절약을 총동원해 약 5억 원의 투자 자산을 만들었어요. 이제 남은 건, 이 5억의 갭으로 가장 가능성 있는 서울 아파트를 찾는 일이었습니다.

데이터로 판단하는 나만의 투자 기준

좋은 아파트를 찾는 것은 '감'이 아닌 '데이터'예요. 저는 직접 만든 엑셀 시트를 활용해 서울 전 지역 아파트 데이터를 수집하고, 저만의 필터 기준을 적용해 물건을 추려내고 있어요. 아직까지 어디에도 공개하지 않았던 필터링 조건인데, 독자분들을 위해 시원하게 공개할게요. 생각보다 간단하지만 이 기준들이 많은 내용을 담고 있답니다.

래빗해빛만의 부동산 필터링 조건

1. 주변에 과도한 공급이 없을 것

대단지 신축 공급이 예정되어 있으면 수요 분산으로 전월세를 맞추기 힘들고, 가격 상승에 방해가 됩니다.

2. 주요 업무지구(GBD, CBD, YBD)로 대중교통 40분 내 진입 가능할 것

가장 중요한 입지요소 '교통'을 간편하게 평가하는 기준이에요.

3. 1000세대 이상 대단지일 것

나홀로 아파트를 피하고, 동시에 시세 상승 여력과 환금성을 판단할 수 있는 기준이에요.

4. 매매는 월 1건 이상, 전월세는 월 5건 이상 나올 것

전세를 맞출 때의 수요와 나중에 다시 팔 때의 환금성을 판단할 수 있는 기준이에요.

이 데이터를 기준으로 엑셀에서 리스트를 추리고, 추가 손품을 통해 임장지역을 선별해요. 그러고 나서 초기 임장은 부동산과 약속을 따로 잡지 않고, 근처 입지, 상권, 교통, 동네 분위기를 파악하러 갑니다. 아파트 리스트가 굉장히 많아서, 이걸 다 약속 잡고 보기에는 시간과 에너지가 너무 많이 들거든요.

그런 다음 저는 임장 후에 꼭 하는 게 있는데요, 바로 '임장일기'를 쓰는 것입니다. 엑셀에 시트별로 '○○구 ○○동'으로 구분하고, 해당 동네를 임장하며 본 상권, 느낀 점, 재미있는 에피소드들을 사진과 글로 기록해요.

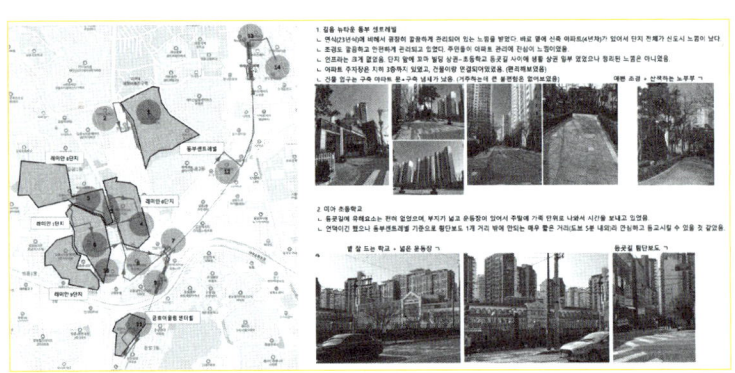

임장일기 예시 1

임장일기 예시 2

임장 중간에 맛있게 먹은 음식, 커플 사진까지 기록하면 단순한 투자 탐방이 아니라 하나의 추억으로 남아서, 해당 지역이 마치 여행지처럼 더 기억에 잘 남고 투자할 때도 도움이 되더라고요.

1차 임장이 끝나면, 매매 후보지들을 선정하고 본격적인 2차 임장을 가요. 이때는 부동산 소장님과 약속을 잡고 실제로 집을 보러 갑니다. 이때 집주인과 임차인분의 동의를 구해서 사진을 최대한 많이 남기고, 부동산 소장님께서 설명해 주시는 집주인의 상황, 집 수리 상태 등을 기록해 두는 것이 중요해요.

또 집이 마음에 들 경우 소장님께 확실한 인상을 심어주는 게 중요한데요, 이야기도 많이 나누고, 우리의 상황을 한 단어로 기억할 수 있게 만들어두면 좋아요. 저 같은 경우에는 거주지가 이천이기 때문에 '이천에서 온 젊은 신혼부부 투자자' 혹은 '적극적인 젊은 신혼부부 투자자'로 기억이 되도록 노력해요. 실제로 부동산 소장님들께 그렇게 기억이 되면 나중에 추가 매물이 나오거나, 가격 조정이 가능할 때 저희에게 먼저 연락을 주시는데, 이건 또 하나의 매수 기회로 이어질 수 있어요.

앗 뜨거! 불장에서 느낀 서울 투자 시장의 현실

25년 초여름, 서울 부동산 시장은 한마디로 '불장'이었어요. 가격은 신고가를 갱신하며 계속 오르고, 매물은 사라졌죠. 마음먹고 매수하려던 집이 갑자기 없어지거나, 집주인이 갑자기 가격을 더 올리기도 하고, 심지어는 계약하기로 했는데 직전에 연락이 두절되는 일도 겪었어요. 경매도 여러 번 도전했지만, 지나치게 높은 낙찰가 때문에 번번이 고배를 마셨습니다.

모니터링 중인 아파트들의 신고가 갱신은 일상이 되어버렸고, '이 가격에 사도 될까?'라는 고민과 '지금 안 사면 또 놓칠까?'라는 두려움이 동시에 찾아왔어요.

사실 처음 엑셀로 물건을 비교하던 시기만 해도 이렇게까지 급등세가 될 줄 몰랐어요. 그래서 '그때 조금만 더 서둘렀더라면…' 하는 아쉬움도 있어요. 하지만 후회는 다음 투자의 교훈으로 남겨두고, 지금 시점에서 가장 합리적인 선택을 해야 한다고 생각해요. 불장 속에서도 차분한 마음으로 후보 물건들을 비교하고, 합리적인 가격의 투자처를 조심스럽게 골라왔어요.

그 노력 끝에 이 글을 쓰고 있는 바로 오늘! 꿈에 그리던 서울 아파트 매수에 성공했습니다. 영등포구에 있는 26평 아파트로, 계획했던 갭 5억으로 주택담보대출 없이 매수할 수 있었어요.

네이버에도 없었던 비밀 매물을 잡은 비결

놀라운 사실은 그 집이 네이버 부동산 매물로도 올라오지 않은 비밀 매물이었다는 거예요. 가격은 주변 시세보다 1억~2억 5000만 원이나 저렴한 초급매였고, 특정 부동산 한 곳에서만 조용히 다루고 있는 매물이었죠.

그런데 이 '특급 매물'을 제가 어떻게 알게 되었을까요? 바로 '꾸준한 매달림(!)' 덕분이었어요. 아파트를 사고 싶은 동네의 모든 부동산에 전화를 돌리고 "저희는 이 동네에 꼭 집을 사고 싶고, 자금도 가능해요"라는 강한 의지를 꾸준히 어필했어요. 거의 매일 점심시간마다 소장님들께 연락을 드리며 "새로 나온 매물 있나요?", "앞으로 나올 매물은요?" 하고 상황을 체크했습니다.

하지만 당시 서울 부동산 시장은 워낙 불장이라, 매물 자체가 없어서 못 사는 상황이었어요. 하루는 시세보다 1억 높은 호가에 망설이다 2000만 원 협의를 시도했더니 "상황 파악이 안 되시나 봐요? 기분 나빠서 1억 더 올릴게요"라는 대답을 들을 정도였어요.

그러던 어느 날, 여느 때처럼 점심시간에 전화를 돌리던 중 한 부동산에서 이렇게 말씀하시더라고요.

"아직 매물 등록도 안 했는데, 어떻게 알고 전화하셨어요?"

알고 전화한 건 아니었지만, 꾸준히 전화를 돌렸던 의지 덕분에 비밀 매물을 알게 된 순간이었어요.

가격과 조건을 들어보니 눈이 번쩍 뜨였어요. 당시 호가보다 확실히 저렴하고, 전세도 이미 맞춰져 있는 이상적인 갭 투자 매물이었죠. 이때다 싶어 바로 말씀드렸어요.

"소장님, 오늘 퇴근하고 바로 집 보러 갈 테니까 매물 인터넷에 올리지 말아주세요. 저희가 바로 살게요!"

"미리 보기로 했던 사람들이 있긴 한데, 그럼 두 팀 같이 봐요."

"네, 오늘 바로 보고 계약금 넣을 수 있습니다. 감사합니다!"

그렇게 두 팀이 같이 집을 보게 되었어요.

예고 없이 쏟아진 대출 규제, 그리고 '현금의 힘'

여기서 중요한 차별점 하나가 있었어요. 바로 현금 보유 여부였습니다. 2025년 6월 27일, 정부는 '초강력 부동산 대출 규제'를 발표했어요.

수도권 및 규제 지역의 주담대 한도는 최대 6억 원으로 제한되고, 기존 주택 보유자에 대한 추가 대출은 사실상 불가능해졌죠. 시장은 혼란에 휩싸였고, 전문가들 사이에서도 "이런 규제는 처음 본다"는 말이 나올 정도였어요.

그날 저희와 함께 매물을 보던 다른 팀은 대출 없이는 매수가 불가능한 상황이었어요. 갑작스러운 규제 발표에 따라 대출이 실제로 가능한지, 얼마까지 나올지 확인이 필요했죠.

규제	기존	강화
주담대 최대 한도	없음	6억 원
주담대 시 전입 의무	없음	6개월 내 전입
전세대출 제한	없음	소유권 이전 조건부 전세대출 금지
유주택자 추가 주택 구입 시 LTV	60%	0%
생애최초 주택 구입 시 LTV	80%	70%
주담대 만기 제한	없음	최대 30년
1주택자 생활안정자금 목적 주담대 한도	없음	1억 원
신용대출 한도	없음	연 소득 이내로 제한
전세대출보증비율	90%	80%

출처: 금융위원회

25.6.27 부동산 대책

반면 저희는 이미 준비된 현금이 있었기에 추가 대출 없이도 바로 매수 결정을 내릴 수 있었고, 결국 하루 빠르게 계약 협상 테이블에 앉을 수 있었어요. 빠른 결단이 필요한 순간이었지만, 3개월 넘게 임장하고 모니터링한 바로 그 아파트였기 때문에 망설임 없이 선택할 수 있었고, 그만큼 자신감 있는 결정이었습니다.

이 경험을 통해 저는 다시 한 번 확신했어요. 불장에서도 기회는 존재한다는 것, 결국 정보보다 중요한 건 준비된 자세와 끈기라는 것, 그리고 시장이 혼란할수록 '현금 보유'의 힘이 빛난다는 사실을요.

다음 투자에서는 또 어떤 전략이 필요할까요? 이제는 또 한 걸음 나아가 다음 레벨을 준비할 시간인 것 같아요. 다음에는 어떤 집을 매수하게 될지, 그 선택이 어떤 미래로 이어질지 궁금하시다면 '래빗해빛' 채널에서 그 여정을 계속 지켜봐 주세요.

임장 시 집을 볼 때 확인해야 할 10가지

부동산 임장을 갈 때마다 '이 집은 어떨까?' 궁금한 게 많죠? 제가 집을 볼 때 꼭 챙기는 10가지 포인트를 소개할게요. 작은 디테일 하나가 나중엔 큰 차이를 만들더라고요.

1. 입지 및 교통 편의성
- 지하철역, 버스정류장과의 거리
- 출퇴근, 생활 동선이 편리한지 체크
- GTX, 신도시 개발 예정지 인근이면 플러스 점수

2. 단지 및 주변 환경
- 단지 규모와 관리 상태(단지 내 분리수거장이 깔끔하게 관리되고 있는지를 보면 좋아요.)
- 주변에 공원, 학교, 병원, 마트 등 편의시설이 있는지 여부
- 소음, 공장, 쓰레기장 등 불편 요소는 없는지 확인

3. 건물 외관 및 관리 상태
- 외벽, 옥상, 주차장 상태 확인
- 공용 공간 청결 상태와 관리 사무소 운영 상황 참고

4. 세대수와 동 간 간격
- 세대수가 너무 적으면 환금성이 없음. 나홀로 아파트는 배제
- 동과 동 사이 간격이 너무 좁으면 채광, 사생활 침해 가능성 체크

5. 채광과 통풍
- 집 내부 채광, 햇볕이 잘 드는 방향인지 확인
- 창문 열었을 때 바람이 잘 통하는지 확인

6. 층수와 엘리베이터 위치
- 각자 선호하는 층은 다르지만, 층간 소음과 접근성 고려
- 엘리베이터 위치가 동선과 잘 맞는지 확인

7. 방 구조 및 수납공간
- 방과 거실 크기 및 배치가 실용적인지 확인
- 수납공간 충분한지, 구조가 활용도 높은지 확인

8. 주차 공간
- 세대수 대비 주차 공간 넉넉한지 확인
- 구축일 경우, 수리는 언제 했는지와 지하주차장까지 엘리베이터가 연결되어 있는지 확인

9. 안전시설 및 보안

- CCTV, 경비 시스템, 출입 통제 방식
- 주변 치안 상황 체크

10. 매물 상태 및 이웃 상황

- 집 내부 상태(누수, 곰팡이, 전기 등) 꼼꼼히 확인
- 가능하면 이웃과의 관계나 단지 분위기도 파악할 것

이 10가지 포인트는 제가 임장할 때 꼭 필수로 보는 것들이에요. 처음엔 생소하고 어렵지만, 몇 번 경험하다 보면 자연스레 눈에 들어올 거예요.

Tip 임장 갈 때는 스마트폰 메모장이나 노트에 이 포인트들 미리 적어두고, 현장에서 하나씩 체크해 보세요. 나중에 여러 물건들을 비교할 때 많은 도움이 될 거예요.

05

나의 20억, 그리고 그 이상의 꿈

'20대 20억' 한때는 상상조차 어려웠던 숫자였어요. 하지만 매일 공부하고, 발품을 팔고, 작은 선택 하나하나를 쌓아가다 보니 어느새 그 숫자는 현실이 되어 있었어요.

물론 이 20억이라는 숫자는 부동산 대출, 임차인의 전/월세보증금이 다 포함된 '총자산'이지만, 스스로 공부하고 투자해서 이만큼 이뤄냈다는 것이 너무 뿌듯해요. 평범한 직장인으로서, 퇴근 후 시간에 공부하고 실행하고 실패하고 다시 도전하며 제 손으로 직접 쌓아 올린 숫자라는 점에서 무엇보다도 의미가 있어요.

또한 이 20억은 저에게 더 큰 자유를 위한 수단이자, 함께 걷는 사람과의 미래를 안정적으로 설계할 수 있는 도구이기도 해요.

자산을 늘려가는 과정이 단순히 숫자가 늘어나는 것이 아니라, 나의 자유와 안정적인 미래에 더 가까워지는 과정이라고 생각하니 더욱 특별합니다.

부동산을 넘어 자산의 균형을 찾아서

그동안 저는 대부분의 자산을 부동산 중심으로 쌓아왔어요. 특히 실물 자산으로서의 안정성과 레버리지 전략의 장점을 활용해 자산을 빠르게 키울 수 있었죠. 하지만 자산이 커지고 경험이 쌓일수록 자연스럽게 더 넓은 세계를 보게 되더라고요.
'부동산만이 답일까?'
'위기가 왔을 때 나는 어떻게 대응할 수 있을까?'
'다른 자산군은 어떻게 움직이고 있을까?'
이렇게 관심을 넓히게 된 분야가 바로 채권, 달러, ETF 시장이에요. 주식이나 ETF는 단기차익보다는 포트폴리오의 안정성과 흐름을 보기 위한 공부로 접근하고 있고, 최근에는 '채권'이나 '달러 투자'를 통해 자산의 변동성을 낮추는 훈련도 해보고 있어요. 앞으로는 경제 전반을 읽고, 부동산 외의 투자처에도 꾸준히 열린 마음을 유지하며 균형 잡힌 자산가로 성장하고 싶어요.
저의 다음 목표는 '30대 초반에 총자산 30억을 달성하는 것'이에요. '20대 20억을 달성했으니, 30대에는 30억을 도전해봐야 하지 않을까?'라는 생각에서 출발했고, 30대가 끝날 때까지는 아직 시간이 충분하니까 조금 더 앞당겨서 '30대 초반에 달성해보자!'라고 목표를 정했어요.

사실 총자산은 부동산 매수와 매도, 갈아타기를 몇 번 하면 금방 불어나는 것 같아요. 부동산의 경우 워낙 큰 금액이기도 하고 전세금, 대출금도 규모가 커서 자산이 늘어나는데 한몫하기도 하거든요.

그래서 저는 '총자산 30억'도 중요하지만, 총자산의 증가만큼이나 '순자산의 내실화'에 더 관심을 가져보려고 해요. 앞으로 자산을 더 견고하고 단단하게 성장시켜서 총자산이 아닌 '순자산 20억'을 달성하고 싶어요.

세금, 대출, 부채를 고려한 '순자산 20억'은 저에게 어떤 위기 상황이 와도 흔들리지 않을 단단한 기반으로 와닿아요. 단순히 커지는 자산의 숫자가 아니라, 더 단단한 구조로 성장하는 것을 통해서 결국 경제적 자유를 넘어, 정신적 여유와 건강한 삶을 함께 얻고 싶습니다.

함께이기에 가능했던 성장의 시간

이 모든 여정을 돌아보면 절대 혼자서 이룰 수는 없었을 거예요. 저에게는 늘 옆에서 함께 책을 넘기고, 엑셀을 켜고 머리를 맞대며, 같이 웃고 좌절했던 든든한 동반자가 있어요.

저희는 같은 목표를 향해 걸어가면서 비슷한 점도 많지만 서로 전혀 다른 성향과 강점을 가지고 있는 부분도 있어요. 하나의 예로 문제를 대하는 태도에 있어 저는 다양한 시나리오를 시뮬레이션하고 리스크를 관리하는 편이고, 짝꿍(남자친구)은 빠르게 실행에 옮기고 현장에서 거리낌 없이 소통하는 편이에요. 이렇게 서로 다른 점은 있지만, 이 차이를 걸림돌이 아닌 보완의 기회로 삼았기 때문에 갈등보다는 조율이 많았고, 실패보다는 배움이 많았던 것 같아요.

사실 투자의 길은 누구에게나 불안하고 외로운 길이잖아요. 모두가 주저할 때 "지금은 기회야"라고 말하는 용기, 의사결정을 내리고 나서 찾아오는 밤잠 못 이루는 불안함, 투자금이 묶이고 예상대로 흘러가지 않을 때의 조급함 등 이 모든 감정을 혼자 감당했다면 버티지 못했을 거예요. 하지만 그런 순간마다 '괜찮아, 우리 함께니까'라는 생각이 저를 단단히 버틸 수 있게 만들어줬어요.

저희는 투자 관련 공부뿐 아니라 인생의 여러 장면도 함께 고민했어요. '결혼은 언제 할까? 40대에는 무얼 하고 있을까? 건강은 어떻게 챙겨야 할까? 지금의 선택이 10년 뒤 우리 삶에 어떤 영향을 줄까?' 등의 고민을 함께 나눴죠. 때로는 다른 의견에 부딪히기도 했지만, 그 과정 속에서 더 많이 대화하고 존중하면서 더 단단한 팀이 되어갔어요.

함께하는 투자는 때로는 서로의 실수와 실패를 함께 겪는 일이기도 해요. 실수로 계약 일정을 너무 뒤로 잡아 손해를 본 적도 있고, 사람들과의 마찰, 예상보다 길어진 공실, 서로 다른 데이터 해석으로 갈등이 생긴 적도 있었죠. 하지만 저희가 늘 되새겼던 건 '돈보다 관계가 더 중요하다', '무조건 사랑이 먼저다'라는 원칙이었어요.

투자는 결국 사랑하는 사람과 건강하고 행복한 삶을 살기 위한 수단이어야 하잖아요. 그 목적이 뒤바뀌어 돈이 관계를 해치는 순간, 진짜 중요한 것을 잃게 되는 거니까요.

그래서 저희는 다툼이 생기면 잠시 멈추고, 마음을 나누고, 서로의 관점을 들으려 노력했어요. 그 과정이 물 흐르듯이 순탄하지는 않았지만, 덕분인지 저희는 단지 자산을 키운 것이 아니라, 함께 성장해온 소중한 시간을 축적할 수 있었어요. 서로의 방식이 존중받는 관계 속에서 저는 더 실행력 있는 사람이 되었고, 짝꿍은 더 꼼꼼한 사람이 되었습니다.

혹시 지금 스스로 '돈'에 너무 매몰되어 있는 것 같다면, 꼭 기억해 주세요. 무엇보다 사랑이 먼저예요. 투자도, 재테크도, 자산도 결국은 내가 소중히 여기는 사람과 지금보다 더 자유롭고 평온한 삶을 살기 위한 수단이잖아요. 그러니 돈이 관계를 이기게 두지 마세요. '사랑을 지키며 함께 성장하는 삶' 그게 진짜 부자라고 저는 믿어요.

저처럼 여러분도 사랑하는 사람과 함께 걷는 삶을 설계해보길 바라요. 꼭 부부가 아니더라도 괜찮아요. 여러분의 성장을 응원해주는 사람, 함께 고민하고 배워가는 누군가가 곁에 있다면, 그 존재만으로 여정은 훨씬 더 단단해질 거예요. 그리고 함께한다면 그 여정이 생각보다 훨씬 더 아름다울 수 있다는 걸 꼭 경험해봤으면 좋겠어요.

성장하고 싶다면 배움을 멈추지 마라

자산을 키우는 과정에서 가장 중요했던 건 '배움을 멈추지 않는 태도'였어요. 새로운 정책이 나올 때마다 관련 자료를 찾아 읽고, 세미나를 찾아가고, 바쁜 시간을 쪼개가며 저희는 함께 앉아 공부했어요. 힘들고 버거운 날도 많았지만 그 과정 하나하나가 기회가 되었고, 내공이 되었고, 자산이 되었어요.

앞으로도 저는 '지금보다 조금 더 나은 나'를 위해 계속 배우고, 성장하고, 도전할 거예요. 그 속에서 경제적 자유라는 결과는 자연스럽게 따라올 거라 믿습니다.

지금까지 저의 투자 여정을 따라와 주셔서 정말 감사해요. 이 책은 단지 '돈을 많이 버는 방법'을 담은 게 아니에요. 불안한 삶을 '선택 가능한 삶'으로 바꾸는 여정의 기록이고, 이 기록을 통해서 여러분이 용기를 얻었으면 좋겠어요.

다음은 여러분 차례예요. 첫 번째 집, 두 번째 도전, 세 번째 가능성 이 모든 도전을 응원할게요. 마음만 먹으면 우리는 충분히 지금보다 더 나은 삶을 살 수 있어요. 바로, 저처럼요!

#6 우리의 꽃길을 응원해

7장 나답게 일하고 나답게 성장하는 법

01

뇌를 속이면 퇴근 후가 달라진다

"하루 종일 일했는데 무슨 자기계발이야."

"시간도 없고 에너지도 없어요."

퇴근하고 나면 몸은 천근만근, 침대에 몸을 던지고 싶은 마음을 너무 잘 알아요. 저 역시 처음에는 그랬어요. 회사에서 모든 에너지를 다 쏟아붓고 집에 오면, 말 그대로 텅 빈 배터리처럼 방전되어 아무것도 하기 싫고 눕고만 싶었죠.

하지만 어느 순간 깨달았어요. 진짜 인생의 주도권은 퇴근 후 시간에 있었다는 걸요. 회사 일에 집중해야 하는 낮 시간 동안은 어쩔 수 없지만, 저녁 7시부터 밤 12시까지 이 5시간은 온전히 내 인생을 바꿀 수 있는 '골든타임'이었어요.

지금의 저는 그 골든타임을 2년 넘게 꾸준히 쌓아 올렸고, 그 결과 '경제·재테크 크리에이터', '20대 20억 자산가'라는 타이틀을 갖게 되었습니다.

더 나은 나를 만드는 작은 루틴

"그렇게 열심히 살 수 있는 비결이 뭐예요?"

제가 자주 받는 질문인데요, 저도 처음부터 대단한 의지가 있었던 건 아니에요. 그저 '이대로 살 순 없다', '더 나은 내가 되고 싶다'는 절박함이 컸을 뿐입니다.

하지만 낮에 열심히 일하고, 집에 와서 지친 몸을 이끌고 또 무언가를 한다는 것은 결코 쉬운 일이 아니었어요. 의지만으로는 쉽게 되지 않았죠. 그래서 제가 만든 작은 트릭은 바로 '뇌를 속이는 기술'이에요. 그럼, 퇴근 후에도 꾸준히 무언가를 해낼 수 있었던 저만의 비밀 루틴을 소개해 볼게요.

뇌를 속이는 루틴 1. 침대에 눕지 말 것

퇴근 후 집에 들어와 침대에 눕는 순간, 사실상 하루는 끝난 거예요. '5분만 누워 있을까?'라고 했던 그 선택이, 휴대폰에 빠지거나 깜빡 잠이 드는 것으로 이어져 정신 차려보면 금새 2~3시간의 공백을 만들어내곤 하죠. 이렇게 생긴 공백은 '나를 위한 시간'이라는 골든타임을 무너뜨려요.

뇌는 피로를 핑계 삼아 곧바로 합리화를 시작합니다.

'오늘 정말 바빴잖아, 그냥 쉬자.'

'내일부터 열심히 하면 되지 뭐….'

저는 이 반복되는 패턴에서 벗어나기 위해 한 가지 원칙을 세웠어요.

'퇴근 후에는 무조건 책상에 먼저 앉는다.'

심지어 어떤 날은 아예 집에 들어가지 않고, 곧장 독서실이나 카페로 향해요. 침대를 시야에서 없애는 것만으로도 행동이 달라지거든요.

이건 단순한 의지의 문제가 아니에요. 미국 스탠퍼드 대학의 뇌과학자 앤드루 휴버먼(Andrew Huberman) 교수는 "인간의 뇌는 공간과 맥락에 따라 활성화되는 신경망이 다르다"고 말했어요. 즉, 침대는 '휴식 모드'를 유도하는 공간이고, 책상은 '집중 모드'를 유도하는 공간이라는 거예요.

게다가 이 신경망은 고정되어 있는 게 아니라, 우리가 어떤 공간에서 어떤 행동을 반복하느냐에 따라 계속 학습되고 재편성된다고 합니다. 다시 말해 침대에 가는 빈도를 줄이고, 책상에 앉는 횟수를 늘릴수록 우리의 뇌도 점차 그에 맞춰 변화한다는 거죠.

오늘부터 퇴근 후에 '무조건 침대는 피하고, 책상에 먼저 앉기'를 한번 실천해 보세요. 책상에 앉아서 거창한 일을 할 필요는 없어요. 그저 잠깐 앉아서 오늘 있었던 일을 일기처럼 써보거나, 책 한두 쪽을 펼쳐 읽어보는 것부터 시작하면 돼요. 그 짧은 시간이, 단순히 '피곤한 하루'로 끝날 수 있었던 시간을 '성장하는 하루'로 바꿔주는 전환점이 되어줄 거예요.

뇌를 속이는 루틴 2. 작게 시작하기

뇌를 속이는 두 번째 루틴은 '작게 시작하는 것'이에요.
"15분만 책을 읽어보자."
"10분만 투자 뉴스를 훑어보자."
"5분만 스트레칭이라도 해볼까?"
이렇게 시작하면 신기하게도, 뇌가 별로 저항하지 않아요. 왜냐하면 우리 뇌는 대부분 '큰일'이라고 인식되는 순간부터 이미 지치기 시작하거든요. 머릿속에서는 자연스럽게 합리화가 시작되죠.
'지금은 너무 피곤한데….'
'이건 나중에 여유 생기면 해야지.'
하지만 실제로 '작게'라도 시작해보면, 10~15분이 오히려 동기부여의 시동이 되곤 해요. 막상 시작하고 나면 "어? 여기까지 했는데 조금만 더 해볼까?" 하면서 계속하게 되는 경우, 우리 모두 경험해본 적 있잖아요.
핵심은 '시작'에 대한 뇌의 거부감을 낮추는 거예요. 뇌를 이렇게 속여보세요.
"딱 5분만 해보자. 진짜 5분만!"
그럼 뇌는 생각보다 순순히 따라옵니다. 그리고 그 작은 시작이 점점 하루 30분이 되고, 1시간이 되고, 결국엔 2~3시간씩 자기계발에 몰입하는 시간으로 이어지게 될 거예요.

그리고 놀랍게도 '작게 시작하면 뇌가 저항하지 않는다'는 건 뇌과학적으로도 검증된 이야기예요. 미국 스탠퍼드대의 행동심리학자 B.J. 포그(B.J. Fogg) 교수는 자신의 유명한 연구 '작은 습관(Tiny Habits)' 이론을 통해 이렇게 말했어요.

"작은 행동부터 시작할 때 뇌는 그 변화를 받아들이기 훨씬 쉬워진다. 그래서 습관 형성은 크고 거창한 결심이 아니라, 아주 사소한 시작에서 시작된다."

결국 중요한 건 '크게 하는 것'이 아니라 '계속하게 만드는 구조'를 만드는 거예요. 그래서 시작은 언제나 작게, 가볍게, 편하게 하는 게 중요해요. 오늘부터 딱 5분, 작게 시작하는 그 루틴을 한번 적용해 보세요. 우리의 뇌는 의외로 순진하게(?) 잘 속아줄 테니까요.

뇌를 속이는 루틴 3. 행복에 대한 관점 바꾸기

여러분은 '행복'이라는 단어를 들으면 어떤 장면이 떠오르나요? 많은 사람들이 떠올리는 이미지는 비슷해요. 햇살 좋은 휴양지, 백화점에서의 명품 쇼핑, 스포츠카를 타고 질주하는 모습, 고급 레스토랑에서의 식사 같은 장면들 말이죠.

이런 이미지는 우리가 소비하는 미디어에서 자주 등장하는 '소비형 행복'의 상징들이에요. 그런데 정말 이런 경험을 해야만 우리가 행복할 수 있는 걸까요? 저는 꼭 그렇지는 않다고 믿어요.

행복은 거창하고 화려한 순간에만 존재하는 게 아니에요. 우리가 자주 간과하는 행복이 하나 있는데, 바로 '성취형 행복'입니다.

'오늘 경제 신문을 찾아본 나'

'책 한 장을 더 읽은 나'

이처럼 작은 목표를 향해 나아간 경험, 그 과정에서 느껴지는 뿌듯함과 자존감은 생각보다 훨씬 강력한 행복감을 줘요. 하버드대 심리학자 대니얼 길버트(Daniel Gilbert)도 "인간은 목표를 향해 나아갈 때 가장 지속적인 행복감을 느낀다"고 말했어요.

하지만 대부분의 매체는 '성장 중인 사람'의 순간을 조명하지 않아요. 그 성장을 통해 이루어낸 '물질적인 결과물'만 조명하죠. 그러다 보니, 매일 조금씩 쌓여가는 나만의 성취감을 행복으로 인식하지 못한 채 지나쳐버리기도 해요.

저도 한때 그랬어요. 하루하루 나아가고 있음에도 '나는 왜 이렇게 힘들지?'라는 생각을 자주 했죠. 특히 남들은 쉬는 주말에도 강의안을 만들고 콘텐츠를 기획하느라 책상에 앉아 있는 제 모습이 초라하게 느껴질 때가 있었어요.

그런데 어느 날, 정말 뜻밖의 순간이 찾아왔어요. 햇살 좋은 주말 오후, 혼자 카페에 앉아 강의안을 정리하고 있었는데 날씨도 좋고, 일도 술술 풀리고, 무엇보다도 '내가 꿈꿔온 일을 지금 하고 있다는 사실'이 갑자기 너무 행복하게 느껴지더라고요!

순간 이런 생각이 들었어요.

'어? 남들 쉴 때 일하는 나는 불행한 줄 알았는데…. 지금 이 순

간, 너무 행복한데?'

그 감정이 어찌나 생생하던지, 마치 머리를 쿵 맞은 듯한 느낌이었어요.

그때부터 저는 '성취형 행복'을 다르게 보기 시작했어요. 내가 의미 있다고 느끼는 일을 조금씩 해내고 '오늘도 나를 위해 뭔가 해냈어'라고 느낄 수 있을 때 그 감정이야말로 진짜 행복이고, 진짜 힐링이라는 걸 알게 됐죠.

여러분도 한 번 스스로에게 물어보세요.

"내가 행복하다고 느낀 순간은 언제였을까?"

어쩌면, 막연히 가만히 누워 있는 순간보다 무언가 해냈다는 감정이 들었던 그때, 훨씬 더 행복했던 적이 있지 않나요?

요즘은 마치 '힐링을 해야만 한다'는 압박이 있는 것 같아요. 퇴근 후엔 무조건 쉬어야 할 것 같고, 카페에서 커피 한 잔, 드라마 정주행, 여행, 마사지 같은 것들로 '쉼'을 채워야만 한다는 분위기요. 물론 이런 힐링도 충분히 필요하고 소중해요.

하지만 가끔은 이런 질문도 던져보면 어떨까요?

"나는 어떤 순간에 가장 살아 있다고 느꼈지?"

"최근에 내가 뿌듯함이나 성취감을 느낀 적이 언제였지?"

힐링이 주는 편안함도 좋지만, 때로는 작은 도전이나 성취가 내 마음을 더 단단하게 해주기도 하니까요. 이 2가지를 균형 있게 바라보는 것, 어쩌면 진짜 '나를 위한 쉼'이 아닐까요?

진짜 행복은, 내가 의미 있다고 느끼는 일을 해냈을 때 오는 감정에서 시작됩니다.

'나는 오늘도 나를 위해 무언가를 해냈어.'

이 감정이 주는 에너지는 어떤 소비보다도 오래 가요. 그래서 저는 '성취형 행복'을 더 소중하게 생각하게 되었어요. 그건 꼭 돈을 많이 벌어야만 느껴지는 게 아니에요. 오늘 한 걸음 더 나아간 나, 어제보다 조금 더 성장한 나, 그런 기특한 내가 매일 쌓일수록 하루하루가 달라지고 결국 인생도 달라지더라고요.

기억하세요. '행복'은 우리가 생각하는 것보다 훨씬 다양한 얼굴을 가지고 있어요. 그리고 그중 하나는, 지금 이 순간을 열심히 살아가고 있는 '우리의 얼굴'일 수 있습니다.

뇌를 속이는 루틴 4. 함께하는 습관 만들기

뇌를 속이는 마지막 루틴은 바로 '함께하는 것'입니다. 혼자서 뭔가를 꾸준히 해내는 일, 생각보다 정말 어렵죠. 저도 그랬어요. 의지가 약해서가 아니라, 혼자 하면 누구나 느슨해질 수밖에 없기 때문이에요. 그래서 함께하는 모임을 만들고, 습관을 공유하는 것이 중요합니다.

그 효과는 정말 커요. 심리학에서는 이걸 '사회적 촉진(social facilitaion)' 효과라고 하는데, 사람은 혼자일 때보다 누군가가 지켜보거나 함께할 때 더 열심히 하려는 경향이 있다는 심리 이론이에요.

"내가 이걸 하고 있다는 걸 누군가가 알고 있어."

"나도 누군가에게 긍정적인 자극이 될 수 있어."

이런 감정들이 자연스럽게 동기부여, 책임감, 그리고 자존감으로 연결되는 거예요.

'혼자'는 느슨하고, '함께'는 강합니다. 단 10분짜리 루틴이라도 좋으니, 누군가와 함께할 수 있는 구조를 만들어 보세요. 친구들과의 카카오톡 단톡방, 오픈채팅방 등 뭐든 괜찮아요. 함께할 사람이 없다면 직접 모아보는 것도 좋고요. 처음에는 둘만 모여도 충분해요. 저도 처음에는 남자친구와 둘이 시작했거든요.

핵심 내용 정리

퇴근 후가 진짜 나를 만드는 시간이에요. 그 시간에 저는 투자 공부를 했고, 부동산 경매 사이트를 탐색했고, 지금 이 책도 쓰고 있어요. 퇴근 후 시간들이 쌓여서 저는 '20억 자산을 만든 직장인'이 되었고, '인생을 주도적으로 사는 자유로운 사람'이 될 수 있었어요.

그리고 저는 확신해요. 이건 누구나 할 수 있는 일이에요. 거창하게 시작할 필요 없어요. 딱 하나만, 오늘부터 해보는 거예요.

- ✔ 침대 대신 책상에 앉기
- ✔ 5분만 시작해보기

- ✔ 성취형 행복을 느껴보기
- ✔ 함께하기

이 4가지 '작은 트릭'이 여러분의 퇴근 후를 바꾸고, 결국 인생 전체를 바꿀 수 있어요.

02

회사에서 흔들리지 않고 성장하는 법

회사 생활을 하다 보면 누구나 고비를 겪어요. 출근길 발걸음이 무겁고, 일에 자존감이 깎이고 '나만 이런가?' 싶은 외로움이 밀려올 때도 있죠.

저도 그랬어요. 그렇게 흔들리는 시간을 버텨내면서, 동시에 회사 안에서 '나만의 색'을 찾아가는 포지셔닝 전략도 하나씩 쌓아갔습니다. 지금부터 그때 제가 실천했던 2가지 '내 멘탈을 지키는 방법'과 '조직에서 나를 드러내는 전략'을 함께 나눠볼게요.

흔들릴 때 나를 지켜주는 5가지 작은 습관

1. 회사의 장점 써보기

너무 힘들던 어느 날, 문득 이런 생각이 들었어요.

'지금은 모든 게 불만스럽지만, 그래도 이 회사에도 좋은 점이 있지 않을까?'

그래서 회사의 장점을 노트에 억지로라도 적어보기로 했어요.

- 맛있는 밥 세 끼를 걱정 없이 먹을 수 있다.
- 커피머신이 있다.
- 의자가 편하다.
- 화장실이 깔끔하다.
- 월급이 꼬박꼬박 나온다.
- 점심시간에 운동할 수 있는 헬스장이 있다.
- 보너스 최고!

진짜 소소하죠? 하지만 이 리스트를 노트에 써두고 자주 보니까 신기하게도 마음이 조금은 편해졌어요. 내가 회사의 단점만 보고 있었다는 걸 깨달았거든요. 아무리 힘들어도 내가 '다니기로 선택한 회사의 장점을 인정하자' 이게 저를 단단하게 잡아준 첫 번째 행동이었어요.

2. 비밀번호에 메시지 담기

저는 한동안 회사 컴퓨터 비밀번호를 이렇게 설정해 두었어요. "gkftndlTek!"(할수있다!)

매일같이 수십 번 입력하면서 무의식 중에도 나 자신을 응원하게 되더라고요. 이거 진짜 효과 있어요. 뇌는 반복되는 언어를 내면화한다고 하잖아요. 계속해서 '나는 할 수 있다'고 되뇌는 것, 작지만 아주 강력한 자기확언(self-affirmation)이에요. 여러분도 회사 PC 비밀번호를 한번 바꿔보세요. 지금 내가 원하는 것이나 필요한 메시지로요! 의외로 진짜 강력해요.

3. 너무 멀리 보지 않고, 작은 목표 세우기

회사가 너무 거대하게 느껴질 때가 있어요. 나는 이 안에서 너무 작은 존재 같고, 매일 반복되는 업무는 무의미하게만 느껴지고요. 그럴 땐 '작은 목표'를 설정해 보세요. 작은 성공이 반복될 때 사람은 다시 힘을 얻어요. 예를 들어 저는 신입사원 시절에 다음과 같은 목표를 세웠어요.

- 오늘 회의에서 세 마디 이상 하기(진짜 모르겠는 내용이면 질문이라도 하기)
- 모르는 용어 3개씩 정리하기

이런 작고 단순한 목표들이 의외로 큰 힘이 돼요. 하루를 마치고 나면 '오늘도 하나는 해냈다'는 생각이 들고, 그게 쌓일수록 회사 생활도 점점 게임처럼 느껴졌어요.

'오, 나 레벨업한 것 같은데?'

'다음엔 이 일도 혼자 해볼 수 있을 것 같은데?'

이런 식으로 일상이 재미있어지고, 업무 자체도 '버텨야 하는 일'이 아니라 '내가 주도하는 일'처럼 바뀌더라고요.

너무 멀리 보려 하지 말고, 오늘 내가 할 수 있는 한 걸음에 집중해 보세요. 그 한 걸음을 계속 걷다 보면, 어느새 꽤 먼 곳까지 와 있는 자신을 발견하게 될 거예요.

4. 사람과의 관계: 장점만 보기, 나를 잃지 않기

회사 생활을 힘들게 만드는 요소 중 하나는 결국 '사람'이에요. 일보다 사람 때문에 지치는 순간을 누구나 겪어보셨을 거예요. 저에게도 사회생활을 하면서 어려웠던 사람들이 당연히 있었어요. 말투, 일하는 방식, 감정 기복 등 마음의 상처도 많이 받았죠. 그런데 하루는 문득 이런 생각이 들었어요.

'이 사람은 바뀌지 않는데, 나만 계속 고갈되고 있다.'

상대에 대한 미움이 쌓이면 결국 내가 더 힘들어지더라고요. 괜히 혼자 감정 소모하고, 자존감도 함께 깎여 나가고요. 그래서 저는 상대방을 바꾸려는 대신, 내 에너지를 지키는 '보호장치'를 만들기로 했어요.

- 감정적으로 반응하지 않기
- 논리 중심으로 대화 정리하기
- 감정을 다 적어본 후, 감정은 감정대로 사실은 사실대로 분리하기

그리고 무엇보다도 스스로에게 이렇게 말했어요.
"상대는 악의가 없다. 그럼 된 거다."
가끔은, 상대는 아무 생각 없이 던진 말일 뿐인데도 제가 그걸 너무 깊이 받아들이고, 괜히 기분 나빠하거나 제 자신을 탓하곤 했거든요. 그래서 저는 어느 순간부터는 '상대는 악의가 없다'는 것을 전제로 사고하기 시작했어요. 그렇게 마음을 다잡고 나니, 훨씬 덜 상처받고 더 단단해지더라고요.

그리고 한 가지 더, 꼭 덧붙이고 싶은 게 있어요.
'상대방의 '장점만' 보기 위해 노력하자.'
모든 게 완벽한 사람은 없어요. 심지어 나 자신조차도 장점과 단점이 공존하잖아요. 그걸 인정하고 나면, 상대방을 볼 때 단점보다는 장점을 보려고 노력하게 돼요. 그 노력이 결국 내 마음을 편하게 만들고, 관계도 더 유연하게 풀리는 '치트키'가 되더라고요.

가끔은 상대의 단점만 확대해서 보는 사람들도 있는데, 그런 시선은 결국 자기 자신을 더 힘들게 만드는 길이라는 걸 잊지 마세요.

사람과의 관계는 언제나 정답이 없어요. 무조건 잘 지낼 수도 없

고, 모든 사람과 친해질 수도 없죠. 하지만 분명한 건 하나 있어요. 내가 나를 지키는 법을 알게 되면, 사람 때문에 흔들리지 않게 된다는 것입니다.

혹시 누군가로 인해 힘들다면 "상대는 악의가 없는데 내가 나를 힘들게 하는 건 아닐까?"라는 질문을 스스로에게 던져보세요. 그렇게 내 마음이 제자리를 찾는 순간, 세상은 조금 더 편안해질 거예요.

5. 내가 꼿꼿하면, 결국 사람이 모인다

가장 마지막으로, 저를 지켜준 건 '나의 정체성'이었어요. 회사에서 아무리 힘든 일이 있어도, 나는 나라는 사람의 방향성을 알고 있었거든요.

"나는 이런 삶을 꿈꿔."

"나는 이런 사람이야."

"나는 내 인생을 내가 설계하고 있어."

사람을 끌어당기는 건 '자기 확신'에서 나오는 당당한 태도예요. '자기 일에 집중하는 사람, 휘둘리지 않고 자기 기준이 뚜렷한 사람, 어떤 자리에 있어도 자기답게 말하고 행동하는 사람'이라는 정체성이 꼿꼿하면, 신기하게 사람도 모이고 기회도 오더라고요. 내가 내 삶에 대해 확신을 가질 때 회사생활도 단지 '하루하루 버티는 일'이 아니라 '내 꿈으로 가는 경유지'처럼 느껴지기 시작할 거예요.

돌아보면, 저에게 힘들었던 시간들은 '내가 누구인지 더 또렷하게 알아가는 과정'이었어요. 버티는 법도 배웠고, 사람 사이에서 내 마음을 지키는 법도 알게 되었어요. 그리고 '어떤 태도로 살아야 내 마음이 편한지'를 배웠어요.

지금 이 글을 읽고 있는 여러분 중에도, 어쩌면 지치고 흔들리는 시기를 겪고 있는 분이 있을 거예요. 그 시간은 언젠가 분명히 스스로를 단단하게 만드는 재료가 될 테니까 지금 이 순간을 너무 두려워하지 마세요. 그리고 무엇보다, 나의 방향성과 정체성을 잊지 마세요. 힘들수록, 내가 누구인지 더 또렷하게 보여줘야 하니까요.

조직 안에서 나를 빛나게 하는 포지셔닝 전략

회사에서 여러분은 어떤 사람으로 기억되고 있나요? 무색의 사람인가요, 아니면 또렷한 색이 느껴지는 사람인가요? 저는 어느덧 회사생활을 시작한 지 만 5년이 넘었어요. 처음에는 저도 정말 많이 흔들렸고, '내가 여기서 잘할 수 있을까?'라는 불안감에 사로잡히기도 했죠. 하지만 여러 시행착오와 경험을 거치며, 나름대로 일하는 방식과 전략이 자리 잡게 되었어요.

주변에서는 저를 '성장캐'라고 부르기도 해요. 고비마다 주저앉지 않고, 조금씩 성장해온 태도 덕분인 것 같아요. 그 덕분인지 저의 회사 생활 성적표는 신기하게도 한번도 정체되거나 낮아진 적 없이 5년 동안 꾸준히 우상향 곡선을 그려오고 있답니다.

어떻게 그럴 수 있었는지 자기 객관화를 해봤더니 '포지셔닝'이라는 키워드가 떠올랐어요. 제 사례를 바탕으로 여러분의 회사생활에도 꼭 적용해 보셨으면 좋겠어요.

저는 퇴근 후 유튜브 채널을 운영하며 기획, 스토리텔링, 대본 작성, 말하기, 편집 등 다양한 역량을 쌓았어요. 처음엔 단순히 좋아서 시작한 일이었는데, 어느 날부터 이 경험들이 회사 안에서 전혀 다른 '가치'로 작용하기 시작했어요.

예를 들어, 부서 내 소통 행사가 있을 때 그동안 익혔던 스피치 스킬 덕분에 자연스럽게 MC를 맡게 되었어요. 그 이후로 사람들이 저를 이렇게 불러주더라고요.

'말을 잘하는 사람'

'행사를 맡기면 센스 있게 살리는 사람'

'돌발 상황에도 침착하게 대처하는 사람'

저의 업무 외 경험이 조직 안에서 새로운 포지셔닝을 만들어준 순간이었어요. 그 전까지는 '조용히 일하는 사람'이었던 제가, 그 이후부터는 '사람들 앞에서 발표를 잘하는 사람', '기획에 강한 사람'으로 인식되기 시작한 거죠.

제가 한 일은 단순히 '내가 잘하는 것을 회사에 가져온 것'이었는데, 그게 회사 안에서는 하나의 브랜드가 되었어요. 이처럼 조직 안에서 나만의 색깔을 입히는 것, 그게 바로 포지셔닝이에요.

나만의 포지셔닝을 만들고 싶다면?

1. 내가 잘하는 것을 '문장화'해보자.

말 잘함 → 복잡한 내용을 짧고 명확하게 정리해 전달하는 능력
침착함 → 예상치 못한 상황에서도 중심을 잡고 판단하는 힘
이런 식으로 내가 잘하는 것을 구체적인 문장으로 바꿔 보면, 강점이 훨씬 또렷해져요. '어떤 상황에서, 어떤 능력을 발휘할 수 있는 사람인가?'를 문장으로 정의해 보세요.

2. 작은 기회라도 잡아서 보여주자.

저도 처음엔 작은 조직 행사의 사회를 보는 것부터 시작했어요. 스토리 흐름을 잡고, 대본을 작성하고, 질문을 정리해 보는 일은 작은 시도였지만, 그게 쌓여서 브랜드가 되었어요. 그 경험이 더 확장되어 결국에는 소통행사의 끝판왕이라고 불리는 CEO 행사의 '첫 MC'까지 해낼 수 있었습니다.

3. 바깥 경험도 자산화하자.

유튜브는 회사 업무와 직접적인 연관이 없는 활동이었지만, 지금은 그 경험이 콘텐츠 구성력, 발표력, 글쓰기 역량으로 회사 일에 유용하게 녹아들고 있어요. 나의 부캐가 본캐를 성장시키는 순간이죠. 여러분의 업무 외 경험도 회사 안에서 '새로운 무기'가 될 수 있어요.

회사 안에서의 경쟁력은 실력 그 자체보다 '그 사람을 떠올리게 하는 힘'에서 시작돼요. 포지셔닝은 스스로를 설명하는 언어이자, 회사 안에서 내가 누구인지 정의하는 기준입니다.

저는 포지셔닝 덕분에 제가 좋아하는 발표와 기획을 단순히 잘하는 '취미'가 아니라, 회사 안의 중요한 '업무'로 하며 그 대가로 월급을 받고 있어요. 여러분도 분명히 누군가에게는 '이 일, 그 사람이 하면 잘할 텐데' 하고 떠오르는 존재가 될 수 있습니다.

그 시작은 아주 단순한 질문에서 출발해요.

"나는 회사에서 어떤 사람으로 기억되고 싶은가?"

 직장에서 나만의 포지셔닝 셀프 체크리스트

STEP 1 나를 진단해보기

- 지금 내 팀원들은 나를 어떤 사람으로 기억할까?(한 문장으로 적어보기)
- 회의나 프로젝트에서 내가 주로 맡는 역할은 무엇인가?
- 내가 업무 중에 가장 자신 있고 즐거운 일은 무엇인가?
- 내가 잘하지만 조직 내에서 아직 드러나지 않은 능력이 있는가?

Tip '잘하는데 아직 빛을 못 본 무기'가 바로 포지셔닝 기회가 될 수 있어요!

STEP 2 나만의 포지셔닝 전략 세우기

- 나는 회사 안에서 어떤 '한 문장'으로 기억되고 싶은가?

예) 소통행사 진행하면 떠오르는 사람, 꼼꼼하게 일하는 사람
- 내가 가진 역량 중 회사 업무와 연결 지을 수 있는 것은 무엇인가?

  예) 유튜브 운영 경험 → 콘텐츠 구성, 발표력, 시각 자료 제작 능력
- 나의 강점을 업무에서 어떻게 보여줄 수 있을까?(구체적 상황을 적어보기)

  예) 팀 회의 때 발표 맡기, 보고서 스토리텔링 구성 시도해보기 등

STEP 3 작게 시작해 실전에서 써먹기
- 다음 회의나 보고서에서 나의 포지셔닝을 반영해보기
- 기회가 있을 때 주저하지 않고 손들기
- 최소 2명 이상에게 '내가 이런 걸 잘한다'는 메시지를 보여주거나 전달해보기

마지막 점검 질문

'만약 다음에 이 업무를 맡길 사람을 찾는다면, 내가 떠오를까?' 이 질문에 'YES'라고 답할 수 있다면, 이미 포지셔닝의 절반은 성공한 셈이에요. 그리고 그 나머지 절반은, 매일 조금씩 보여주는 '행동'이 채워줄 거예요.

03

자산이 나의 백이 되는 순간

회사에 있을 때 저는 자주 이런 생각을 했어요.

'더 주체적으로 일하고 싶어.'

'반복되는 하루가 아니라, 뿌듯한 하루로 채우고 싶어.'

이런 생각이 들수록 저는 회사 밖의 '또 다른 기반'을 만들고 싶었어요. 누구의 눈치를 보지 않고, 내가 더 당당하게 말하고 결정할 수 있는 '백(back)'이 필요했거든요. 저에게 그 백은 바로 '자산'이었습니다.

어느 순간부터 저는 깨달았어요. 일만 열심히 한다고 당당해지는 게 아니더라고요. 오히려 회사 안에서 내 존재감이 커지고 회의에서 목소리를 낼 수 있었던 건, 회사 밖에 쌓아온 자산 덕분이었어요. '이 일이 내 전부는 아니다'라는 마음이 묘하게 저를 더 여유롭고 단단하게 만들어 주거든요. 그 여유는 결국, 더 나은 아이디어를 내고 더 선명한 목소리를 내는 힘이 되었어요.

물론 이 말은 '회사를 대충 다니자'는 의미가 아니에요. 오히려 반대죠. 회사를 열심히 다닐 수 있는 '정신적 체력'도 결국 돈이 만들어준다는 걸 느꼈거든요. 자산이 백이 되면 마음에 여유가 생기고, 그런 여유가 곧 조직 내에서 도전적인 목표를 세울 수 있는 열정을 줍니다. 여유가 생기면, 사람이 달라져요.

- ✔ 남들 앞에서 주눅 들지 않고 말할 수 있고
- ✔ 힘든 일을 겪어도 금세 회복할 수 있는 '마음의 쿠션'이 생기며
- ✔ 새로운 도전도 해볼 수 있게 돼요.

저는 실제로, 회사에서 새로운 프로젝트를 시도할 때나 전혀 해보지 않았던 분야에 도전할 때 늘 머릿속으로 이렇게 생각해요.

'혹시 망해도, 나에겐 다른 길이 있어.'

'나는 한 가지 삶만 사는 사람이 아니야.'

이 믿음은 제가 재테크를 통해 스스로 만든 '정서적 안전망'이었어요.

재테크는 나를 '베푸는 사람'으로 만들어준다

돈이 많아졌다고 해서 성격이 훅훅 바뀌는 건 아니에요. 하지만 여유가 생기면 그 여유가 결국 사람을 더 부드럽고, 베풀 수 있는 사람으로 만들어 준다고 생각해요.

회사에서도 마찬가지였어요. 누가 부탁을 했을 때나 도전적인 과제가 주어졌을 때 "괜찮아요, 제가 한번 해볼게요"라고 말할 수 있는 건 제가 감정적으로든, 심리적으로든 조금 더 여유가 있었기 때문이에요. 그리고 그 여유는 결국 자산에서 온 것이었죠.

우리는 회사를 다니면서 돈을 벌지만, 사실 돈을 통해 '회사 안의 나'도 성장시킬 수 있어요. 자산은 단지 숫자가 아니라, 내가 나를 지탱할 수 있게 해주는 '기반'이자 '자신감'이에요. 그래서 저는 강조하고 싶어요.

"백 있는 사람이 되자!"

'나의 자산'이 든든한 백이 되어준다면 자연스레 자신감이 생기고 아무 말없이 있어도 존재감과 여유가 느껴지게 될 거예요. 나아가 그 삶은, 여러분을 더 당당하게 만들고 더 도전적이게 만들고 무엇보다 더 자유롭게 만들어줄 거예요.

남의 시선을 신경 쓰지 말자, 중심은 나

솔직히 우리 대부분은 남의 시선을 전혀 신경 쓰지 않기는 어려워요. 저도 그랬어요.

'어떤 차 타고 다니지?'

'동료 결혼식 가는데, 명품백 하나는 있어야 하는 거 아닐까?'

그런데 이런 생각이 들수록 저는 점점 '내가 원하는 삶'에서 멀어지고 있다는 느낌을 받았어요. 남이 좋다고 한 걸 따라가느라 '내 시간, 내 돈, 내 감정'이 고갈되는 기분이었거든요.

그래서 어느 순간 결심했어요.

'남의 시선 말고, 내 기준에 집중하자. 보여주기보다 지속 가능한 나의 삶을 만들자!'

우리 주변에는 A부부와 B부부 같은 두 가지 유형의 부부가 있어요. 겉보기엔 비슷한 출발선, 비슷한 소득, 비슷한 시점의 신혼부부죠.

A부부는 결혼과 동시에 신축 34평 전세를 선택했어요. 집들이 사진은 인스타그램에 빠르게 올라갔고, 대리석 바닥, 시스템 에어컨, 최신 가전들로 '예쁜 삶'을 자랑했죠. 때로는 커플 골프웨어를 맞춰 입고 필드에 나가서 인스타그램에 올릴 예쁜 사진도 찍었어요.

A부부의 선택은 그 자체로 잘못된 게 아니에요. 문제는 그 선택의 '기준'이 타인의 시선이었다는 점과 감당하기 어려운 수준의 소비였다는 거예요. 매달 빠져나가는 이자 부담, 묶여 있는 전세보증금으로 인해 자산은 쌓이지 않았고, '우리는 이만큼 잘 살고 있다'는

이미지 유지에 많은 에너지를 써야 했어요.

반면 B부부는 다소 낡은 14평 구축 아파트를 매수했어요. 주변에서 "이게 뭐야?", "너무 좁은 거 아니야?"라는 말을 듣기도 했지만 흔들리지 않았어요.

'일단 작게 시작하자.'

'우리에겐 지금 자산을 쌓는 게 더 중요해.'

- ✓ 대신 그들은 소비 대신 투자 공부를 시작했고,
- ✓ 집값은 조금씩 오르면서 자산이 쌓였으며,
- ✓ 지출은 줄고, 여유는 커졌어요.

2~4년 뒤 A부부의 신축 전세집은 만기가 다가오면서 오르는 전세값과 이사비용에 부담을 느끼고 있었어요. B부부는 그 무렵 구축 집을 전세로 주어 자산을 확보하고 두 번째 집 매수에 성공했어요. 작은 구축이었던 첫 집이 훌륭한 디딤돌이 된 거예요.

5년 뒤 A부부는 이직과 육아 고민이 겹쳐 경제적 압박을 크게 느끼고 있었어요. "그때 조금 더 현실적인 선택을 했더라면…"이라는 말을 종종 하게 되었죠. B부부는 한 채는 실거주, 한 채는 임대 수익으로 월급 외에도 현금 흐름이 생기기 시작했어요. 소비보다 자산을 선택한 5년의 차이가 점점 벌어지기 시작한 거죠.

10년 뒤 A부부는 자녀 교육비와 주거 비용 때문에 여전히 '월급만으로는 벅찬 삶'을 살고 있었어요. 부동산 가격이 크게 오르면서 처음에 전세로 살았던 신축 아파트에 들어가는 것은 감히 꿈꾸기 어려운 일이 되었죠. 반면 B부부는 세 번째 집까지 매수하며 '시간이 돈을 버는 구조'를 만든 상태였고, 그 여유는 결국 '삶의 여유'로 이어졌어요.

결국 '폼'보다 중요한 건 '지속 가능성'입니다. 사람들이 뭐라고 하든, 내 삶을 지키는 선택이 진짜 멋있는 거예요. 보여주기 위한 집보다 내게 의미 있는 집, 폼 나는 차보다 내가 편안한 차, 한순간의 '와!' 하는 부러움보다 오래가는 자산과 안정감.

저는 '외유내강(外柔內剛)'이라는 말을 참 좋아해요. 겉은 부드럽고 따뜻하지만, 속은 흔들리지 않는 단단한 사람이 제가 지향하는 모습이자, 저의 신념이에요.

결국 중요한 건 남의 시선을 잠시 내려놓고 '나의 삶'을 중심에 두는 거예요. 그저 내가 만족하는 삶, 내가 지켜야 할 가치, 그리고 내가 책임질 수 있는 선택이면 그걸로 충분해요. 남의 시선은 어디까지나 시선일 뿐이에요. 결국 내가 책임져야 하는 건 '남의 평가'가 아니라 '나의 삶'이라는 걸 잊지 마세요.

이제부터는 폼 나 보이는 삶보다, 내가 진짜로 만족하고 유지할 수 있는 삶을 선택해보는 거예요. 그게 결국 돈을 지키고, 나를 지키는 길이니까요. 그리고 꼭 기억하세요. 조용히, 묵묵히 준비한 사람이 결국 가장 크게 웃게 된다는 걸요.

내 연봉에는 어떤 차가 적당할까?

저희 커플은 한때 제네시스를 타고 다녔어요. 베이지 시트에 흰색 펄이 감도는 제네시스 G70은 참 예쁘고, 누가 봐도 '있어 보이는 차'였어요. 그런데 어느 날 문득 생각이 들더라고요.
'이 차가 지금의 우리에게 맞는 차일까?'
유지비, 연비, 감가상각 등 부담되는 요소가 하나둘이 아니었어요. 차를 정비하거나 수리할 때도 가격이 2배 이상은 들었죠.
그래서 고민 끝에 과감하게 K5 하이브리드로 바꿨어요. 결과적으로 지금은 그때 고민했던 게 무색할 만큼 너무 만족해요. 조용하고, 연비 좋고, 무엇보다 지금 수준에서 부담 없이 감당 가능한 수준의 차니까요.
기본적으로 자동차 구매 예산은 연봉의 30~40% 수준이 적절하다고 알려져 있어요. 그 이유는 자동차는 감가상각이 큰 소비재이기 때문이에요. 특히 구입 후 3년 안에 차량 가격의 40~50%가 하락하기 때문에 재테크 관점에서는 '감당 가능한 선'에서 선택하는 것이 중요합니다.
가끔 "왜 이렇게 보수적으로 잡아요?"라고 하는 분들도 있는데, 자동차는 단순 '구매 가격' 외에도 보험료, 세금, 정비비, 유류비, 주차비 등 꾸준한 지출이 많기 때문이에요. 무리해서 차를 사면, 사는 순간부터 스트레스가 될 수도 있어요.

물론 예외도 있어요! 사업을 하거나 브랜드를 드러내야 하는 분들에겐, 차가 하나의 '신뢰의 상징'이 되기도 하니까요. 저도 나중에는 포르쉐, 람보르기니, 페라리 같은 멋진 차를 타는 게 꿈이에요. 하지만 직장인 신분으로는 절대 그런 소비는 하지 않을 거예요. 지금은 나에게 맞는 소비를 하고, 나중에는 자산이 감당해주는 소비를 할 거니까요.

다음 표는 참고용으로 하나의 기준 정도로 활용해 주세요.

연소득	차량 가격(권장)	추천 차량(예시)	설명
3000만 원	900만~1200만 원	모닝, 레이, 아반떼 (중고)	'차는 이동 수단'이라는 마인드 중요
5000만 원	1500~2000만 원	K3, 캐스퍼 (중고)	월 유지비 부담 최소화하기
7000만 원	2000~3000만 원	K5, 쏘나타, 투싼	신차로 올라가는 첫 계단, 실속과 안정감을 추구하는 시점
1억	3000~6000만 원	K8, 그랜저, 팰리세이드	가족을 고려한 실용적 선택
2억 이상	6000만 원~1억 원	K9, 제네시스 G80/90 BMW 5시리즈	브랜드 기반의 자산 소비 가능, 과시 소비가 아닌 만족 중심 소비 필요

연소득별 자동차 추천

#7 내 인생의 중심은 나

에필로그

행복한 부자가 되길
응원하며

어느새 이 책의 마지막을 함께하고 있네요. 처음 글을 쓰기 시작했을 땐 걱정이 많았어요.

'내 경험이 과연 누군가에게 도움이 될 수 있을까?'

'아직 많이 부족한데, 글을 써도 될까?'

그런데 시간이 흐르면서 깨달았어요. 완벽해서 쓰는 게 아니라, 성장해가는 과정을 기록하는 것이고, 누군가는 바로 이 솔직한 이야기에 위로받을 수도 있다는 걸요.

이 책에 담긴 이야기들은 '거창한 성공담'이 아니에요. 오히려 작고, 실천 가능한 변화들이죠. 파킹 통장 만들기, 공모주 신청하기, 부동산 임장 다니기 등 하나라도 좋으니, 작은 것부터 하나씩 실천해 보세요. 그 작은 행동 하나가 인생을 바꾸는 시작이 될 수도 있으니까요. 그리고 책을 읽고 난 후의 변화나 실천기를 꼭 저에게, 혹은 주변에 들려주세요. 생생한 후기를 남겨 주시면 그 이야기가 또 다른 누군가에게 커다란 용기를 줄 수 있을 거예요.

앞으로의 방향: 목표와 도전

저는 단기적으로 30대 초반까지 총자산 30억, 순자산 20억을 목표로 하고 있어요. 부동산 시장을 꾸준히 공부하고, 임장을 다니며 변화를 읽고 기회를 찾는 이 모든 과정이 정말 즐겁습니다. 이제는 부동산을 넘어 다양한 자산에 관심을 넓히며, 투자란 단순히 돈을 불리는 걸 넘어 내 삶을 더 안정적이고 풍요롭게 만들어가는 과정이라는 걸 느끼고 있어요.

장기적으로는 서울 상급지에 똘똘한 아파트를 마련하고, 일하지 않아도 현금이 흐르는 시스템을 만들어서, 사랑하는 사람과 "이 도시 너무 좋은데, 숙소 일주일만 더 연장할까?"라고 말할 수 있는 여유로운 세계여행을 꿈꾸고 있어요. 물론 이 여정이 결코 쉽지는 않겠지만, 이미 같은 길을 걸어간 분들의 발자취를 보며 '이 길이 틀리지 않았구나' 하는 확신을 얻고 있답니다.

또한 저는 '작은 변화를 나누는 일' 역시 중요한 목표라고 생각해요. 경제·재테크 크리에이터로서 영향력이 점점 커질 때, 그리고 누군가로부터 "도움이 되었어요"라는 메시지를 받을 때, 정말 벅찰 만큼 뿌듯함과 행복감을 느끼거든요. '나는 이걸 하기 위해 태어난 게 아닐까?' 싶을 만큼요. 그래서 앞으로는 강의, 강연, 책 출간 등 다양한 활동을 통해 직접 소통하는 기회도 늘려가면서 여러분을 만나고 싶어요!

그리고 책이 세상에 나오기를 누구보다 응원하며 기다렸을 부모님께, 제가 어떤 선택을 하고 어떤 도전을 하든 항상 믿어주고 응원해줘서 진심으로 감사하고 사랑한다고 이 기회를 빌려 꼭 전하고 싶어요. 실패해도 괜찮다고, 결국 해낼 거라고 말해주었던 그 믿음이 저를 지금까지 이끌어준 큰 원동력이 된 것 같아요. 그 덕분에 앞으로도 저는 지금처럼 더 많이 도전하고, 성장하고, 나눌 수 있는 사람이 되기 위해 노력할 거예요. 그러니 앞으로도 지금처럼 건강하고, 항상 최선을 다하는 멋진 부모님으로 계셔주세요 :)

돈은 우리의 삶을 지탱하는 중요한 요소

우리는 자본주의 사회에서 살아가고 있고, 돈을 제대로 알아야 더 나은 삶을 살 수 있어요. 돈이 전부는 아니지만, 돈은 우리의 건강, 인간관계, 미래를 지켜주는 기반이 되어줍니다. 그건 마치 체력처럼 기본이 되는 힘이에요.

혹시 이 책을 누군가에게 선물 받았다면, 그건 단순한 책 한 권이 아니라, '당신이 돈 걱정 없이 살았으면 좋겠어'라는 따뜻한 마음이 담긴 선물일 거예요. 저도 그런 마음을 꾹꾹 눌러 담아 책을 완성했거든요.

우리 모두는 각자의 자리에서 바쁘고 치열하게 살아가지만, 여러 가지 사건과 변화 속에서 서로를 이해하고 도우며 살아갈 수 있었으면 좋겠어요. 그러기 위해선 내 마음부터 차갑지 않아야 하고, 마음을 따뜻하게 지키기 위해선 경제적인 여유도 필요해요.

이 책이 무엇부터 시작해야 할지 막막한 여러분에게 작은 나침반 같은 친구가 되어주길 바랍니다. 어쩌면 차갑고 냉철할 수밖에 없는 자본주의 사회에서, 당신이 적어도 돈 때문에 속상하지는 않기를. 그리고 매일이 안녕하기를 바라는 마음을 전하며.

래빗해빛

잘 벌고 잘 쓰고 잘 살고 싶어서
돈 공부를 시작했다

1판 1쇄 발행 2025년 8월 26일
1판 3쇄 발행 2025년 10월 1일

지은이 래빗해빛(김아름)
발행인 오영진 김진갑
발행처 토네이도미디어그룹(주)

책임편집 박수진
기획편집 유인경 박은화 김예은
디자인팀 김현주 강재준
일러스트 김라미(김나영)
캐릭터 원작 김아름
마케팅팀 박시현 박준서 김수연 박가영
경영지원 이혜선

출판등록 2006년 1월 11일 제313-2006-15호
주소 서울시 마포구 월드컵북로5가길 12 서교빌딩 2층
원고 투고 및 독자 문의 midnightbookstore@naver.com
전화 02-332-3310 팩스 02-332-7741
블로그 blog.naver.com/midnightbookstore
페이스북 www.facebook.com/tornadobook

ISBN 979-11-5851-326-9 (03320)

이 책은 저작권법에 따라 보호를 받는 저작물이므로 무단전재와 무단복제를 금하며,
이 책 내용의 전부 또는 일부를 사용하려면 반드시 저작권자와 토네이도의 서면 동의를 받아야 합니다.

잘못되거나 파손된 책은 구입하신 서점에서 교환해드립니다.
책값은 뒤표지에 있습니다.